COLLECTION *Pas à Pas*

De 9 à 12 ans

les préadolescents

LES TITRES DE LA COLLECTION *PAS À PAS*
PUBLIÉS CHEZ GUY SAINT-JEAN ÉDITEUR:

De 1 à 3 ans: Les tout-petits
De 3 à 5 ans: L'âge préscolaire
De 6 à 8 ans: Les premières années d'école
De 9 à 12 ans: Les préadolescents

COLLECTION *PAS À PAS*

De 9 à 12 ans

les préadolescents

Holly Bennett et Teresa Pitman

Traduit de l'anglais par Dominique Chauveau

Adapté pour le Québec par Françoise Robert

Préface du Dr Yves Lamontagne

Guy Saint-Jean
ÉDITEUR

Données de catalogage avant publication (Canada)

Bennett, Holly, 1957-
Pas à pas de 9 à 12 ans : les préadolescents
(Pas à pas)
Traduction de: Steps and stages : from 9-12, the preteeen years.
Comprend des réf. bibliogr.
ISBN 2-89455-079-0

1. Éducation des enfants. 2. Préadolescents. 3. Enfants - Développement.
4. Enfants - Psychologie. I. Pitman, Teresa. II. Titre.
III. Titre: Pas à pas de neuf à douze ans. IV. Collection: Bennett, Holly, 1957- . Pas à pas.
HQ777.15.B4614 2000   649'.124   C00-940837-1

Nous reconnaissons l'aide financière du gouvernement du Canada par
l'entremise du Programme d'Aide au Développement de l'Industrie de
l'Édition (PADIÉ) ainsi que celle de la SODEC pour nos activités d'édition.

Photo de la couverture: Multimédia
Conception graphique: Christiane Séguin
Traduction: Dominique Chauveau
Adaptation: Le Magazine Enfants Québec, par Françoise Robert
Révision: Andrée Laprise

Dépôt légal 2e trimestre 2000
Bibliothèques nationales du Québec et du Canada
ISBN 2-89455-079-0

DISTRIBUTION ET DIFFUSION
AMÉRIQUE:
Prologue, 1650, boul. Lionel-Bertrand, Boisbriand (Québec) Canada J7H 1N7. (450) 434-0306.

FRANCE (Diffusion):
C.E.D. Diffusion, 73, Quai Auguste Deshaies, 94854 Ivry/Seine, France. (1) 46.58.38.40.

FRANCE (Distribution):
Société nouvelle Distique, 5, rue Maréchal Leclerc, 28600 Luisant, France. (2) 37.30.57.00.

BELGIQUE:
Vander s.a., 321 Avenue des Volontaires, B-1150 Bruxelles, Belgique. (2) 37.30.57.00.

SUISSE:
Transat s.a., Rte des Jeunes, 4 ter, case postale 125, 1211 Genève 26, Suisse. 342.77.40.

Guy Saint-Jean Éditeur inc.,
3172, boul. Industriel, Laval (Québec) Canada H7L 4P7. (450) 663-1777.

Guy Saint-Jean Éditeur France,
83 Avenue André Morizet, 92100 Boulogne, France. (1) 55.60.08.28.

Imprimé et relié au Canada

Table des matières

Remerciements

C omme toujours, nous tenons tout d'abord à remercier les parents et les professionnels qui nous ont accordé leur temps avec générosité et ont gentiment accepté de répondre à nos questions et de partager avec nous leurs expériences avec les enfants.

Merci à Bonny Reichert et à tous les autres rédacteurs du magazine *Today's Parent*, et à Barbara Berson, notre chargée de projets, qui a su transformer une collection d'articles hétéroclites en une série de livres captivants.

Merci à John Hoffman, le mari de Holly, un père exemplaire, un époux fiable et un humaniste.

Et finalement, merci aux enfants, les nôtres et ceux des autres, qui nous permettent de grandir autant comme parents que comme personnes.

L'éditeur tient à remercier Claire Chabot, rédactrice en chef du Magazine Enfants Québec *et son assistante, Nathalie Dorais, pour leur collaboration.*

Préface

L'éducation des enfants est sûrement l'expérience la plus enrichissante que des êtres humains puissent connaître, mais c'est également un cheminement très compliqué. En effet, tous les parents sont différents; ils possèdent des qualités et des défauts particuliers, des conditions socio-économiques variables, des notions d'éducation et d'instruction diverses, un profil génétique unique et des expériences de vie qui varient selon l'âge, la langue, la culture et les coutumes. Il en va de même pour chaque enfant qui, en plus d'être issu de deux personnes avec leurs caractéristiques propres, a lui aussi une personnalité, une intelligence, des émotions et des réactions qui en font un modèle unique.

Voilà pourquoi il n'y a pas de dogmes dans l'éducation des enfants. Chaque parent doit prendre ce qui lui convient dans ses lectures ou au cours de discussions avec des amis ou des professionnels. Il n'y a donc que des suggestions, des idées et des conseils qui peuvent être donnés et appliqués selon l'intérêt et les préférences de chacune et chacun.

Les quatre livres de la collection *Pas à Pas* sont, en ce sens, intéressants. De façon très pratique, ils touchent des points de la vraie vie à laquelle les parents sont confrontés quotidiennement et ce, à chaque stade du développement de leur enfant. Bien plus, ils contiennent des anecdotes et des suggestions pratiques qui sont rapportées non seulement par des professionnels, mais par des parents.

Ceux et celles qui cherchent la «Vérité» seront déçus car, heureusement, l'éducation des enfants ne s'apprend pas dans les livres; elle se vit au jour le jour. La lecture d'ouvrages sur le sujet nous permet seulement de comparer notre expérience avec celle des autres et, espérons-le, d'augmenter notre compétence. En ce sens, le ton positif, humoristique, sans jugement de valeur et rempli de compréhension pour les enfants fait de ces volumes une source de références qu'il fait toujours bon de garder à portée de main.

Le docteur Yves Lamontagne,
md., frcpc., Adm.A.

Introduction

Les préadolescents sont tous très différents, et c'est une des choses les plus saisissantes qui soient. Votre jeune de 9 ans est peut-être encore un enfant qui pense davantage à s'amuser qu'à être *cool*, mais d'ici trois ans, il sera sur le point de devenir un adolescent timide, cherchant à se dissocier de son enfance.

Les préadolescents du même âge sont aussi très différents les uns des autres. Observez un groupe de jeunes de 12 ans. Vous remarquerez que certains sont déjà pubères, tandis que d'autres ont toujours un corps d'enfant. Certains semblent avoir fini de grandir, tandis que d'autres ont encore manifestement un bon 40 cm ou plus à prendre. Ces différences physiques évidentes correspondent également à divers degrés de maturité émotionnelle et à des intérêts qui peuvent varier des jeux de poupée jusqu'aux fréquentations.

Les livres sur les tout-petits vous indiquent précisément quand votre chérubin commencera à se tourner sur le dos, à s'asseoir et à faire ses premiers pas; mais il est impossible de prévoir dans quel ordre se feront les choses à la préadolescence. Cependant, les jeunes de 9 à 12 ans ont beaucoup en commun. Ils quittent petit à petit leur univers familial pour s'aventurer dans le grand monde, maîtrisent tout ce qu'ils ont appris pendant leur enfance et commencent à lorgner vers l'adolescence.

Qu'il s'agisse d'un enfant maussade en pleine puberté, d'un fanatique des vidéos de musique ou d'un jeune qui peut tout aussi bien être adorable que détestable – surtout lorsqu'il s'en prend à son petit frère – cela vous consolera peut-être de savoir que bien d'autres familles ont dû relever ces mêmes défis avant vous.

Quel que soit l'endroit où votre jeune se situe sur le chemin de l'adolescence et de l'âge adulte, nous espérons que vous le reconnaîtrez dans ces pages, et que ce livre vous aidera à trouver des idées pour rester près l'un de l'autre, régler les conflits et apprécier la nouvelle voie que prend votre amitié.

La liberté et la responsabilité
de nouveaux défis et plaisirs

Les années de la préadolescence sont des années d'émancipation et de confiance accrues. Votre préado trouve probablement sa nouvelle indépendance grisante, laquelle, contrairement à celle d'un tout-petit, s'appuie sur la réalité: il va maintenant à l'école tout seul, en vélo, dépense son argent au centre commercial, envoie des messages par courrier électronique à un ami qui vit à l'extérieur de la ville et se fait un sandwich au fromage fondu comme un grand. En même temps, à certains niveaux, il reste très dépendant: il veut que vous l'aidiez à régler le débit d'eau chaude pour sa douche ou encore que vous expliquiez au coiffeur la coupe de cheveux qu'il aimerait avoir. C'est un comportement tout à fait normal. Non seulement les enfants ne mûrissent pas tous au même rythme, mais chacun évolue différemment.

De bien des façons, ce sont là des «années en or»: votre jeune est suffisamment grand pour ne plus exiger une surveillance constante et les soins que requièrent les petits enfants, mais il n'insiste pas encore pour obtenir toute la liberté qu'aimeraient avoir les adolescents. Les premiers signes de l'adolescence sont pourtant bien là, et les parents paniquent parfois un peu lorsqu'ils se rendent compte que leur enfant passera bientôt à un niveau supérieur d'études, commencera à s'intéresser au sexe opposé et parlera de conduire la voiture. Sera-t-il prêt à relever ces défis? Il n'y a aucune raison de paniquer; c'est le moment opportun pour faire le point et trouver des occasions qui permettront à votre jeune de prendre petit à petit davantage de décisions et de responsabilités.

Ajuster les règles

«**P**ourquoi je ne peux pas manger ma crème glacée sur le divan du salon? *Toi*, tu le fais bien!» «Aïe! C'est vrai.» La règle «On ne mange pas dans le salon» avait lieu d'être lorsque vos enfants étaient d'âge préscolaire, donc plus susceptibles de baver ou de renverser leur nourriture. Mais à 10 ans?

Au fur et à mesure que les enfants grandissent, il est logique de réévaluer les règles et les consignes familiales. Certaines devront être assouplies en fonction de l'indépendance croissante des jeunes et de leurs aptitudes à prendre les choses en main; de nouvelles règles devront être établies, par exemple accorder la permission de rester seul à la maison. Grandir est un processus graduel qui semble se faire à notre insu; les millions de détails de la vie quotidienne nous accaparent tellement que nous ne voyons pas toujours que notre façon de faire est dépassée.

Ne vous inquiétez pas. Vos enfants, surtout ceux qui ont presque atteint l'adolescence, ne manqueront pas de vous le signaler sans aucun ménagement.

Comme le soulignent Germain Duclos, Danielle Laporte et Jacques Ross dans leur livre *Les besoins et les défis des enfants de 6 à 12 ans: vivre en harmonie avec des apprentis sorciers* (Les éditions Héritage, 1994), les règles doivent tenir compte de l'âge et du niveau de développement de chaque enfant. Les auteurs précisent que le passage de la discipline parentale à l'autodiscipline sera favorisé par certains éléments fondamentaux: «... il s'agit de la capacité de prise de conscience, de l'habileté à s'auto-évaluer et du désir d'ajuster ses conduites en fonction d'un code moral et social de plus en plus compris et accepté». Pour ce faire, l'enfant doit pouvoir jouir d'une véritable «marge de liberté» qui va «lui permettre d'apprendre à choisir et à décider, tout en bénéficiant de la confiance de ses parents et des autres membres de la famille».

Permettre à l'enfant de devenir de plus en plus autonome et responsable ne signifie pas pour autant abolir les règles familiales ou sociales. Comme l'indiquent les trois spécialistes: «Toute famille, quel que soit son type ou sa taille, a besoin de règles bien définies et personnalisées dont l'absence est susceptible de provoquer des conflits incessants. Les règles, en effet, jouent un rôle essentiel; elles permettent, d'une part, de prévenir les ambiguïtés, les malentendus et nombre de conflits interpersonnels et, d'autre part, elles aident à préciser les droits et privilèges de chacun. Enfin, elles identifient les comportements souhaités, favorisent de saines relations au sein de la famille et renseignent chacun des membres sur les limites à respecter.» Les auteurs insistent en outre sur le fait que les parents devraient faire participer leur enfant à l'établissement des règles qui les concernent, plutôt que les établir de façon unilatérale. «Les parents qui privilégient la participation, le consentement et l'engagement dans leurs relations avec les enfants stimulent chez eux des interactions plus affectueuses, plus égalitaires et plus intimes que celles qui naissent des rapports quotidiens conflictuels avec des figures d'autorité rigides et contraignantes. De plus, ils obtiennent souvent des solutions beaucoup plus créatrices aux conflits et aux problèmes rencontrés. Enfin, les décisions prises en commun ouvrent la voie aux sentiments d'appartenance et de solidarité.»

Quel genre de règles faut-il établir? Cela dépend en grande partie de votre type de famille, et du tempérament et du degré de maturité de vos enfants. Certains ont besoin d'être beaucoup plus encadrés que d'autres; pour ceux-ci, des règles explicites seront importantes jusque tard dans l'adolescence. Votre situation familiale fait aussi une différence: une famille de quatre enfants aura besoin d'établir plus de règles au sujet des bagarres, du partage et d'autres conflits interpersonnels qu'une famille avec un seul enfant!

Certaines familles établissent des règles plus générales que spécifiques. Par exemple, Suzanne Néron, mère de deux garçons de 9 et 12 ans, explique: «Il existe une sorte de principe de base ou une attente de respect mutuel. Autrement, nous n'avons pas vraiment de règles spécifiques.»

«Je ne veux pas dire que c'est la liberté totale pour chacun, se hâte-t-elle d'ajouter. Je gronde parfois les garçons quand ils se comportent mal, mais je préfère discuter avec eux de l'importance d'être responsable, prévenant, correct, au lieu de règles non respectées. J'aimerais, par exemple, qu'ils suspendent leurs blousons plutôt que de les jeter dans un coin, sur le plancher de la cuisine, mais je ne leur dirai pas: "Vous devez suspendre vos blousons, c'est la règle!" Il s'agit d'un principe beaucoup plus large: chacun doit ranger ses affaires, afin de ne pas obliger les autres à le faire à leur place.»

Suzanne reconnaît que cette approche a bien fonctionné chez eux, mais elle admet que ses garçons sont «faciles» à vivre. «Aucune règle rigoureuse n'est établie en ce qui concerne les devoirs, la nourriture ou l'heure du coucher; ces choses n'ont jamais posé problème, explique-t-elle. Si les garçons ne réussissaient pas bien en classe, ou s'ils mangeaient n'importe quoi au lieu d'un bon repas, nous devrions agir différemment.»

À mesure que les enfants vieillissent, Suzanne constate que leurs règles deviennent davantage des expectatives mais qui s'appliquent à *chaque* membre de la famille. «Par exemple, lorsque les enfants sortent, ils laissent toujours l'adresse ou le numéro de téléphone où l'on peut les joindre. J'ai besoin de savoir où sont les enfants, afin d'être certaine que tout va bien. Du reste, mon mari et moi faisons la même chose de notre côté. Je ne permets pas que l'on mange près de l'ordinateur, et c'est valable pour tout le monde.»

Pendant plusieurs années encore, il y aura bien entendu des situations où les règles des adultes *seront* différentes de celles des enfants. Après tout, il ne s'agit pas d'égalité mais d'équité. Des frères et sœurs, selon leur âge, peuvent avoir des limites, privilèges et responsabilités différents, et malgré leurs protestations véhémentes, c'est tout à fait approprié. («C'est pas juste! Alissa a vu *Scream*. Je devrais avoir la permission de voir un film interdit, moi aussi!»)

Quel que soit le nombre de règles, lorsque les jeunes sont sur le point d'avoir 10 ans, il est important de leur parler des principes et des valeurs qui sous-tendent votre façon de voir les choses, tout comme l'ont fait Suzanne et Richard.

Après tout, ce sont ces principes, et non les règles elles-mêmes, qui les guideront dans le monde d'aujourd'hui.

trucs & conseils

Un coup de main: c'est pas trop demander!

Jusqu'à maintenant, la contribution apportée par l'enfant dans l'exécution de certaines tâches ménagères était plutôt modeste. Maintenant qu'il est plus grand, il peut donner un bon coup de main, et plusieurs parents espèrent une aide importante de sa part pour tous les travaux qui se rapportent à la maison. À partir de ce moment-là, les tâches à accomplir seront fréquemment un sujet de discussions fort animées.

Les préadolescents peuvent apporter une aide très diversifiée, allant de peu de chose à une liste impressionnante de corvées quotidiennes et hebdomadaires. La plupart des experts conseillent d'adopter un juste milieu: suffisamment pour que cela représente une vraie contribution et pour établir le principe que tout le monde dans la famille a des responsabilités au niveau de l'entretien de la maison, mais pas trop pour ne pas nuire aux études ni aux activités parascolaires ou encore empiéter sur les moments de détente (eh oui! le jeu est encore très important à cet âge!).

Il y aura, bien entendu, des récriminations. Pourquoi devrait-il ramasser le vieux journal qu'un autre aura laissé traîner? Le compost, c'est dégoûtant. Jamais il n'y touchera! La plupart des parents s'entendent pour dire qu'ils obtiennent une meilleure coopération s'ils consentent à discuter avec leurs jeunes plutôt que de leur assigner des tâches obligatoires. Les réunions familiales se prêtent bien à ce genre de discussions, tant que les tâches de chacun se situent à un niveau réalisable. Voici quelques sujets de discussion:

Quelles tâches accomplir? Si votre jeune n'aime pas laver la vaisselle, mais veut bien s'occuper de la lessive, pourquoi pas? Soyez flexible, tout en défendant vos propres intérêts: si, pour vous, faire briller les miroirs de la salle de bains n'est pas l'équivalent de laver la vaisselle, alors l'échange n'est pas équitable.

Quand faut-il le faire? Votre enfant déteste le ménage du samedi matin? Quand veut-il s'acquitter de ses tâches? S'il s'engage sérieusement et que ça vous convient, pourquoi ne pas modifier vos habitudes?

Quel genre de système adopter? Votre système est-il équitable, bien structuré? La liste des tâches de chacun est affichée sur le frigo, prête à être cochée au fur et à mesure, ou préférez-vous être moins formel? Chacun range ses affaires, et les jeunes donnent un coup de main quand on le leur demande? Que préfèrent les jeunes? Des tâches fixes dont ils seront responsables pendant un certain temps, ou changer chaque semaine? Faut-il instaurer un système particulier pour les corvées dont personne ne veut?

Comment accomplir les tâches? Montrez à votre enfant ce que vous attendez de lui et expliquez-lui les normes à respecter. Soyez réaliste. Vous n'obtiendrez pas un lustre parfait d'un jeune de 11 ans, mais par contre, vous pouvez exiger que le lavabo de la salle de bains soit propre.

Finalement, quand les enfants vieillissent, il est utile de leur confier la responsabilité d'un domaine (leur lessive, par exemple). Ils apprennent ainsi à être conscients de ce qui doit être fait et à prévoir (ma chemise préférée sera-t-elle propre pour la fête, samedi?) au lieu de suivre tout simplement vos instructions.

Pas à pas

découvrir le monde – tout seul

«A rnaud et moi allons au centre commercial. Est-ce qu'on peut prendre l'autobus tout seuls?» «Je ne veux pas que tu viennes à la piscine avec nous. Tu nous déposes et tu t'en vas, d'accord?» «Je veux aller louer une vidéocassette tout seul, à bicyclette.»

Le rite de passage est bien là, camouflé sous des questions désinvoltes. C'est le signal qu'à partir de maintenant, votre enfant apprendra à voler de ses propres ailes et s'acharnera à se débarrasser du parapluie protecteur sous lequel vous, parents, l'avez toujours abrité si tendrement. L'appel de la liberté. Êtes-vous prêts? L'est-il?

La plupart des jeunes Occidentaux de 9 ans n'ont presque jamais vécu sans surveillance. Certains n'ont même jamais marché seuls jusqu'à leur école. Et maintenant, à presque 12 ans, ces jeunes sont tout à fait indépendants: ils se déplacent seuls en autobus ou à pied, du moins de temps en temps; ils aiment le cinéma, les événements sportifs ou se promener en ville avec leurs amis; peut-être même gardent-ils des plus jeunes de temps à autre. Comment en sont-ils arrivés là? Cette question trouble bien des parents.

«Une de nos premières discussions a été au sujet du cinéma, raconte Diana Savoie, dont la fille aînée, Marion, vient juste d'avoir 13 ans. Vers l'âge de 10-11 ans, Marion préférait que je la dépose au centre commercial plutôt que de m'accompagner. Nous avons donc établi quelques règles. Elle devait être avec un groupe d'amis. Au début, j'attendais qu'ils soient entrés avant de démarrer et je les attendais devant la billetterie à la fin du film. Maintenant, je les dépose à la porte du centre commercial. Elle préférerait, évidemment, y aller en autobus, et aussi, faire les boutiques plutôt que d'aller au cinéma; nous devrons donc avoir de nouvelles négociations bientôt!»

Mary Gordon, administratrice de programmes pour les parents au conseil scolaire de Toronto, encourage les parents à négocier des règles avec leurs enfants, à les écouter et à les aider à exprimer leur point de vue. Après tout, si nous ne leur permettons pas de repousser nos limites petit à petit, nous risquons de ne jamais les laisser partir. En plus, soutient-elle: «Les enfants qui comprennent votre façon de voir les choses et qui peuvent exprimer la leur sont mieux préparés à résister à la pression exercée par leurs semblables.» Donc, lorsque vous n'êtes pas convaincu que la requête de votre jeune est juste, vous pouvez adopter la suggestion de l'éducatrice Barbara Coloroso et lui dire: «J'ai certaines inquiétudes. Les voici! Maintenant, à toi de me convaincre que tu as raison.»

En même temps, les parents ne devraient pas avoir peur de dire «Non!» ou «Non, pas cette année», dit Mary Gordon. «À cet âge, la plupart des jeunes n'ont pas toujours un bon jugement, explique-t-elle. Les parents doivent donc être prêts à assumer la responsabilité finale, celle de prendre les décisions qui sont dans le meilleur intérêt de leurs enfants, même si, pour cela, ils devront mal paraître.»

Comment augmenter les chances que les premières aventures de nos enfants sans nous soient exemptes de danger et couronnées de succès?

Béatrice Hémon, mère de quatre enfants, note que même si ses deux aînées (Juliette, 13 ans et Catherine, 12 ans) se suivent de près, elles ont des personnalités très différentes. «Catherine est beaucoup plus prudente et hésitera, par exemple, à aller au magasin seule, à bicyclette, tandis que Juliette adore aller seule chez ses amis ou encore faire des courses en vélo.» Les enfants de ce groupe d'âge peuvent être à des étapes de développement tout à fait différentes, souligne Mary Gordon. Votre jeune peut ne pas être prêt à vivre une expérience que ses amis, ou ses frères et sœurs vivent sans aucune difficulté.

Une bonne préparation et quelques règles fondamentales permettront de tisser un filet de sécurité qui, en quelque sorte, vous rassurera, vous et votre enfant (même si votre enfant ne l'admet pas ouvertement).

Règles fondamentales. Le but, explique Mary Gordon, c'est que les parents «sachent toujours où sont leurs enfants et avec qui ils sont». Voici d'autres précautions raisonnables pouvant être prises: les jeunes doivent se promener ou sortir avec des amis, jamais seuls; les fêtes seront obligatoirement supervisées par un adulte; les jeunes doivent toujours avoir sur eux une carte à puces ou la monnaie nécessaire pour téléphoner (ou, si c'est approprié, pour prendre un taxi).

Certaines règles peuvent être temporaires, mais elles sont rassurantes quand l'enfant franchit une nouvelle étape. Lorsque Marion a commencé à prendre le métro pour aller chez son père, Diana Savoie exigeait qu'elle voyage durant les heures de pointe (plus sécuritaires), et avec une amie. «Téléphone-moi dès que tu seras arrivé» est aussi un grand classique.

À l'abri des risques de la rue. Les dangers de la rue ne s'énoncent pas dans un simple discours de deux heures, affirme Mary Gordon; on doit en discuter continuellement car ils surviennent tous les jours. Par exemple, si un enfant va seul, à pied, chez un ami pour la première fois, il est logique de discuter avec lui du meilleur trajet pour s'y rendre (et des routes à éviter) ainsi que des endroits où il pourrait trouver de l'aide s'il en avait besoin («Si quelqu'un t'embête, tu peux courir à ce magasin, au coin de la rue et le dire à l'employé.»). Il est aussi important de réviser les règles de sécurité de base. Comme le dit Diana: «Pour aller à l'école, Marion doit passer par une route qui traverse le cimetière. Des automobilistes se sont arrêtés pour lui demander des indications. Je lui ai rappelé que les adultes devraient se garder d'interroger un enfant, et qu'elle ne devait jamais s'arrêter près d'une voiture, ni s'en approcher.»

Mary Gordon rappelle que ce n'est pas dans le but de l'effrayer qu'on met l'enfant au courant des risques qu'il court dans la rue, mais plutôt pour l'amener à savoir comment se comporter. «Nos propres insécurités peuvent miner leur confiance, dit-elle. Nous ne devons pas les empêcher d'y aller parce que nous avons peur.»

À l'abri des amis. Comme chaque parent ne le sait que trop, les amis ne sont pas toujours de bonnes influences. Mary Gordon conseille vivement aux parents d'enseigner à leurs enfants à dire «Non!». «Aidez vos enfants à trouver des raisons crédibles, par exemple: "Non, je suis attendu à la maison maintenant", et non à se confondre en excuses qui ne tiennent pas debout», dit-elle. Les problèmes qui découlent de la pression exercée par des pairs sont très présents à l'adolescence. C'est donc une excellente idée d'en parler maintenant, quand les risques sont moins élevés.

L'entraînement. On oublie facilement qu'un moyen de préparer nos enfants à faire leurs premiers pas hors du nid familial, c'est de leur donner des occasions de maîtriser leur environnement pendant qu'ils sont encore avec nous. Lorsqu'ils nous accompagnent quelque part, nous avons tendance à tout faire pour eux: diriger, payer, passer des commandes, etc. En leur demandant de commander la pizza, en leur faisant découvrir quel autobus ils doivent prendre ou en les envoyant acheter du lait pendant que nous attendons dans la voiture, nous les aidons à développer leur habileté à savoir comment se comporter dans le monde, dit Mary Gordon. Cela peut faire toute la différence entre un enfant qui demande de l'aide quand il en a besoin et un autre qui est trop timide pour prendre la parole, ou entre un enfant qui a suffisamment confiance en lui pour décider de rentrer lorsque ses amis exagèrent et celui qui les suit parce qu'il n'ose pas faire mauvaise figure auprès d'eux.

«Les parents devraient continuellement être à l'affût de nouvelles occasions qui permettraient à l'enfant de développer son indépendance et sa confiance en soi», souligne Mary Gordon. S'aventurer dans le grand monde implique un certain degré de risques. Grâce à vos conseils, votre enfant sera bien préparé et saura comment les aborder. Vous pourrez alors admirer et applaudir l'indépendance qu'il viendra de découvrir, plutôt que de trembler de peur à tout instant.

Le vol à l'étalage

Des enfants aussi jeunes volent-ils? Dès qu'ils commencent à aller dans les magasins seuls ou avec des amis, la tentation est indéniablement présente, et pas seulement chez ceux qui n'ont pas d'argent. Le vol à l'étalage est autant une affaire de bravade que de convoitise, et lorsque les jeunes se font prendre à voler, c'est habituellement pour des peccadilles comme de la gomme à mâcher ou du rouge à lèvres.

L'agent de police Gary Takacs, officier au service de la communauté des forces policières de Peterborough (Ontario), visite des groupes d'enfants de sixième année pour leur parler d'un programme sur les valeurs, les influences et les pairs. Lorsqu'il discute avec les jeunes de vol à l'étalage, l'agent Takacs souligne: «Si vous faites partie d'un groupe et qu'un des membres de ce groupe vole, vous êtes aussi coupable que lui. D'un autre côté, la pression des membres du groupe peut être positive si l'un d'eux ose dire: "Hé, remets ça à sa place."»

Quand Chantal Maheu a appris qu'un des amis de son fils s'était fait prendre à voler du chocolat, elle a aussitôt discuté du problème avec son fils Stéphane. «Je lui ai expliqué ce qu'il devait faire si l'un de ses amis volait alors qu'ils étaient ensemble. Je lui ai dit: "Peut-être que de toi-même, tu ne voleras jamais. Mais un jour, tu seras peut-être en compagnie de quelqu'un qui vole. Tu risques alors de subir beaucoup de pression de sa part pour participer au vol. Ne te laisse surtout pas influencer! Si tu es incapable de le dissuader de voler, ne mets pas les pieds dans le magasin. Trouve une excuse et rentre à la maison. Parce que si tu es son complice, alors tu participes au vol, toi aussi."»

L'agent Takacs croit qu'il est important d'encourager les préadolescents à réfléchir tôt à ce genre de situations qui leur demanderont de faire des choix difficiles, car les jeunes agissent souvent spontanément lorsqu'ils volent, sans vraiment penser aux conséquences possibles, du moins pas avant qu'ils ne se fassent prendre.

«Dans les faits, un agent de sécurité arrêtera le jeune voleur. Ses parents seront appelés sur les lieux et peut-être aussi la police», explique l'agent Takacs. Si les policiers sont appelés, il est peu probable qu'ils traitent l'affaire à la légère parce qu'«ils veulent bien faire comprendre au jeune qu'il a commis une infraction sérieuse. Les jeunes de plus de 12 ans peuvent aussi être accusés de délinquance juvénile».

Il revient aux policiers d'expliquer à l'enfant les conséquences légales de ses actes, mais il incombe aux parents de discuter des questions morales. Danielle Laporte, coauteure du livre *Du côté des enfants, volume 1* (Publications de l'Hôpital Sainte-Justine en collaboration avec *Le Magazine Enfants Québec*, 1990) est également d'accord avec le vieux dicton «mieux vaut prévenir que guérir». Dans le chapitre intitulé «L'amour volé», la psychologue clinicienne explique: «À moins d'être élevé dans une famille où fraude et vol sont synonymes d'intelligence et de débrouillardise, un enfant entre 8 et 12 ans qui vole un peu d'argent à sa mère ou de la gomme à mâcher au magasin n'est pas un voleur et ne va pas le devenir si ses parents réagissent vite et bien. Chose certaine, il doit apprendre et intégrer un code moral au sein même de sa famille pour développer le sens de l'honnêteté. Pour lui, les principes ne s'acquièrent pas automatiquement au fil des ans mais se consolident ainsi:
– en écoutant les propos des adultes;
– en observant leurs comportements;
– en discutant des lois avec eux;

– en cherchant, par amour, à faire plaisir aux adultes et à ne pas les décevoir.»

Danielle Laporte poursuit: «L'enfant qui vole "essaie" un comportement nouveau... et attend les réactions de son milieu. Ces réactions pourront soit décourager le vol, soit ancrer davantage l'enfant dans sa conduite sociale.» Face au vol, la spécialiste met de l'avant plusieurs réactions dont celle de rapporter, avec l'enfant, l'objet volé ou de lui faire ramasser ses sous pour rembourser ce qu'il a consommé. «Ne jouez pas sur la honte mais sur le sens des responsabilités.» Danielle Laporte souligne qu'en cas de délit, il ne faut surtout pas sauter aux conclusions «car vol n'est pas synonyme de voleur».

Enfin seul à la maison
fini les gardiennes!

À 9 ans, Daniel est nettement trop jeune pour rester seul à la maison. Sa sœur, Sarah, 12 ans, est tout à fait à l'aise et va même garder chez les autres, de temps en temps. Quel changement en trois courtes années!

Aider votre enfant à faire cette transition peut demander une planification à long terme, selon Sylvie Saulnier, mère de Sarah et de Daniel. «Lorsque Sarah avait 10 ans, nous le sentions venir. Cela l'ennuyait de rester avec sa gardienne après l'école, et elle voulait avoir plus de responsabilités.»

Il était devenu clair que Sarah était prête à rester seule à la maison. Mais avant son premier essai, il fallait préparer le terrain.

Pour préparer ses enfants à rester seuls (ceci n'est pas valable pour tous, par contre), Sylvie a d'abord acheté un chien. «J'avais l'impression qu'avec un chien, Sarah et Daniel se sentiraient plus en sécurité, sachant que l'animal aboierait si quelqu'un rôdait autour de la maison. Le chien leur donne aussi le sens des responsabilités: ils en prennent soin.»

Sylvie a un téléphone dans sa voiture, et les deux enfants connaissent le numéro. «Il peuvent me joindre facilement, et cela me rassure beaucoup. Lorsque je dois m'absenter de mon bureau, je dis toujours où je vais afin que l'on puisse me joindre rapidement si les enfants appellent.» Sa disponibilité est un réconfort pour tous.

Mais Sylvie a aussi mis en place un réseau de soutien avec ses amis et ses voisins. Il est important que les enfants puissent avoir une aide immédiate. Les numéros de téléphone des familles voisines et des amis sont affichés près du téléphone. Sylvie raconte: «Certains de mes amis m'ont offert leur aide et je les ai pris au mot. C'est moins stressant de savoir que les enfants peuvent les appeler s'ils en ont besoin.»

La dernière étape préparatoire de Sylvie a été de définir les règles «lorsqu'on est seul à la maison». Elle ne voulait pas effrayer Sarah et Daniel en les instruisant de toutes les éventualités, mais elle voulait être certaine qu'ils soient bien préparés à toute possibilité. Le juste milieu, quoi!

Il est utile aussi de donner aux enfants des conseils spécifiques sur les consignes de sécurité (voir «Trucs et conseils», p. 32) tels que: assurez-vous que la porte est bien fermée à clé; ne répondez pas si l'on sonne à la porte; filtrez les appels avec le répondeur; utilisez le four/grille-pain et non la cuisinière; etc.

Ensuite, vous pouvez jouer à «Que ferais-tu si?» et laisser les enfants trouver leurs propres solutions. Que ferais-tu si tu faisais tomber un verre par terre et qu'il se brise? Que ferais-tu si, en rentrant de l'école, tu t'apercevais que la porte d'entrée est ouverte? Que ferais-tu s'il y avait une tempête et s'il y avait une panne d'électricité? Ne faites pas qu'écouter les réponses de vos enfants; demandez-leur aussi comment ils se sentiraient dans de telles situations. Si la réponse est sensée, mais que l'enfant est visiblement nerveux et craintif, il est peut-être préférable d'attendre encore un peu avant de le laisser seul.

La liste des numéros de téléphone des adultes qu'ils peuvent appeler est aussi très importante. Les jeunes ne doivent pas avoir l'impression qu'ils sont seuls pour faire face à un cas d'urgence ou même à un problème mineur. Insistez sur le fait qu'ils doivent appeler quelqu'un dès qu'ils sont inquiets ou qu'ils ont peur.

Les Saulnier ont commencé par de courtes absences pour aller au magasin ou chez des amis dans le voisinage, puis, graduellement, ils ont prolongé leurs sorties en laissant Sarah toute seule à la maison. Jusqu'à maintenant, tout a bien fonctionné, même lorsqu'elle a dû affronter des imprévus.

Sylvie raconte deux situations auxquelles Sarah a dû faire face, sans trop savoir quoi faire. Une fois l'été dernier, le camp de jour de Sarah s'est terminé beaucoup plus tôt que d'habitude. Sarah rentrait toujours avec son petit frère (qui était dans un autre groupe) et là, elle ne savait pas quoi faire. L'idée de l'attendre seule, au coin de la rue, la rendait nerveuse, mais si elle rentrait sans lui, il ne saurait pas où la trouver. Elle alla donc chez son ancienne gardienne qui demeurait tout près et téléphona à sa mère pour lui demander conseil.

Une autre fois en arrivant à la maison, Sarah et Daniel trouvèrent que ça sentait le gaz. Sarah a tout de suite téléphoné à une voisine qui a recueilli les enfants chez elle. «C'était une fausse alerte, précise Sylvie, mais je suis contente de voir comment Sarah s'est organisée dans les deux cas. On peut enseigner à nos enfants comment faire face à divers problèmes ou situations d'urgence, mais ils doivent toujours avoir la possibilité d'appeler un adulte en cas de besoin.»

Comment pouvez-vous savoir si *votre* enfant est prêt à rester seul à la maison? Cela dépend de l'enfant et de la situation. Dans le second volume de la série *Du côté des enfants* (Publications de l'Hôpital Sainte-Justine en collaboration avec *Le Magazine Enfants Québec*, 1992), la psychologue Danielle Laporte explique que: «Chaque parent connaît son enfant. Un enfant peureux, qui fait souvent des cauchemars et qui n'accepte même pas de vous laisser prendre une marche seul, n'est certainement pas prêt à avoir la clé au cou.» La psychologue clinicienne se fait toutefois rassurante quant au sens des responsabilités des enfants. «L'enfant qui demande la clé et qui est prêt à l'avoir aura tendance à développer le sens des responsabilités. Tous les conseils des parents, que l'enfant ne respecte pas toujours quand ils sont là, s'intériorisent alors et deviennent des leitmotivs rassurants.» Madame Laporte insiste toutefois sur l'importance de la préparation de l'enfant: «...il devrait être entraîné progressivement à rester seul; une demi-heure d'abord, puis une heure et, enfin, deux. Les parents devraient lui demander comment il se sent lorsqu'il est seul et comment il occupe son temps... Pour se sécuriser, les enfants ont aussi besoin de se référer à un adulte, ne serait-ce que par téléphone. Un des deux parents devrait donc, si possible, appeler à la maison à l'heure d'arrivée de l'enfant... Des petits mots d'amour déposés au hasard dans la maison et une collation nourrissante sont aussi des moyens simples de le rassurer.» La spécialiste souligne en outre que pour éviter l'ennui, des activités planifiées par les parents et l'enfant en début de semaine ou la présence d'un animal peuvent être des moyens efficaces.

trucs & conseils

Qui vas-tu appeler?
Ce qu'un enfant seul à la maison devrait savoir

- Où vous êtes et comment vous joindre; qui appeler si vous n'êtes pas disponible.
- Chez quel voisin aller en cas d'urgence (un incendie ou une blessure).

- Le numéro 911 (s'il y en a un dans votre municipalité) ou tout autre numéro de téléphone en cas d'urgence, et quand l'utiliser.
- L'emplacement de l'extincteur, comment s'en servir et quand quitter les lieux.
- Quoi faire si quelqu'un sonne à la porte; si quelqu'un téléphone (Doit-il répondre? Doit-il dire que vous êtes absents ou que vous ne pouvez répondre pour l'instant?).
- Où sont les pansements et la trousse de premiers soins.
- Ce que l'enfant n'a pas le droit d'utiliser (cuisinière, foyer, outils) ou de faire (quitter la maison, inviter des amis).

Information

L'organisme *Parents Secours* émet des fiches thématiques comportant des conseils et suggestions pour les enfants seuls à la maison. On peut les joindre au 1 (800) 588-8173, ou écrire à:

Parents Secours,
1295 boul. des Forges,
Trois-Rivières, Québec, G8Z 1T7

courriel: parents.secours@ sympatico.ca
ou consulter leur site internet:
www. familis. org/riopfq/membres/parents.secours.html

Garder ses frères
et sœurs plus jeunes

La première fois que Yannick a gardé ses deux jeunes frères, ses parents en avaient des sueurs. «Nous ne savions pas comment ça allait se passer, se souvient le père de Yannick, Jean Bernier. Yannick est un enfant très émotif et, lorsqu'ils sont ensemble, les trois garçons donnent bien souvent du fil à retordre aux adultes! Mais Yannick tenait absolument à garder, et ses frères (9 ans et 5 ans) étaient d'accord. Nous sommes donc allés au restaurant et nous y sommes restés à peine une heure tant nous étions inquiets.»

Un an plus tard, les parents de Yannick laissent leur fils garder en toute confiance. «C'est étrange, remarque Jean. Les garçons sont toujours en train de se chamailler, mais ils agissent différemment lorsqu'ils sont seuls à la maison. Yannick sait qu'il doit agir en tant que gardien et non en tant que frère, et il prend ses responsabilités au sérieux. Nous n'avons jamais vu de larmes ni entendu de plaintes en rentrant.»

L'enthousiasme dont Yannick fait preuve lorsqu'il s'agit de garder ses frères démontre qu'il fera un excellent gardien. Veronica McNeilly, directrice du développement communautaire et des bénévoles de l'Ambulance Saint-Jean (Oakville, Ontario), explique que les cours de *Gardiens avertis* donnés par l'organisme décrivent plusieurs autres qualités que les parents devraient rechercher chez une gardienne. «La gardienne, qu'il s'agisse de votre enfant ou d'un autre, doit avoir beaucoup d'énergie et de souplesse pour comprendre les besoins et les comportements de jeunes enfants, ainsi que les connaissances et l'information nécessaires pour faire face aux problèmes et aux situations d'urgence», explique-t-elle.

Elle prévient les parents de surveiller comment les enfants se débrouillent au jour le jour. Bien entendu, la dynamique peut être différente (meilleure ou pire) en leur absence. Les parents qui interviennent toujours dans les conflits et les disputes ne devraient peut-être pas laisser l'aîné garder ses frères et sœurs. C'est encore plus difficile de garder quand un frère ou une sœur a presque le même âge que celui qui garde. À 11 ans, il est peu probable qu'un jeune soit impressionné par un gardien de 12 ans!

Pendant les cours de *Gardiens avertis*, les instructeurs se servent de jeux de rôles pour aider les enfants à apprendre comment prendre certaines situations en main, une méthode que les parents peuvent adopter chez eux. Faites semblant d'être l'enfant qui refuse d'aller se coucher à l'heure prévue et voyez comment se comporte votre gardien. Faites comme s'il y avait une soudaine panne d'électricité pendant une tempête et demandez à votre gardien éventuel ce qu'il va faire. Ses réactions vous aideront à déterminer s'il a suffisamment de maturité et de connaissances pour prendre soin de ses frères et sœurs.

Peut-être voudrez-vous aller plus loin et inscrire votre futur gardien à un cours de gardiennage pour enfants.

Les cours de *Gardiens avertis* de l'Ambulance Saint-Jean sont offerts aux jeunes de 11 à 14 ans et leur procurent des connaissances et des conseils sur:
• la sécurité et les soins à donner aux enfants de tous âges;

- comment répondre au téléphone ou à la porte, quelle attitude adopter envers les étrangers;
- comment intervenir en situation d'urgence: apprentissage des techniques de base applicables à des problèmes physiques courants;
- résolution de problèmes courants de gardiennage comme les crises de pleurs;
- idées de jeux intéressants pour différents groupes d'âge, etc.

«La chose la plus importante que les cours de l'Ambulance Saint-Jean apportent aux enfants, c'est la confiance en soi», ajoute Veronica McNeilly. Ce cours, d'une durée d'environ six heures et demie, se donne à travers tout le Canada. Il peut être suivi en une seule fois ou sur plusieurs semaines, et coûte environ 30 $. Vérifiez dans l'annuaire téléphonique pour trouver la succursale la plus près de chez vous.

Sophie, 12 ans, la fille aînée de Carole Anne Malenfant a commencé à garder ses trois jeunes frères. Carole Anne dit que sa fille a trouvé les cours de l'Ambulance Saint-Jean utiles, mais que le succès d'une soirée de garde réside surtout dans sa planification. «Avant de sortir, je m'assieds avec Sophie et les enfants et je planifie leur soirée. Nous leur louons souvent une vidéocassette. Je leur précise qu'ils doivent commencer à regarder le film à dix-neuf heures et leur indique quel goûter ils peuvent prendre. Puis, nous leur sortons un jeu de société pour qu'ils puissent s'occuper après le film.»

Ces séances de planification permettent, de fait, à Carole Anne de déléguer son autorité à Sophie. Donc, lorsque Sophie dit: «Il est dix-neuf heures. On regarde le film», les autres savent que ce n'est pas seulement son idée à elle.

Jean Bernier mentionne aussi qu'il est important, lorsqu'on prépare un enfant à garder ses frères et sœurs «de soutenir le jeune qui garde en rappelant les règles établies en la présence de tous, mais il faut s'assurer qu'il n'abuse pas de son autorité. Nous ne demandons pas à Yannick d'être à cheval sur la discipline, ou de faire toute une histoire avec l'heure du coucher. Son travail consiste avant tout à s'assurer que tout le monde est en sécurité et de faire en sorte que les plus jeunes s'amusent.»

Avoir un enfant qui garde ses frères et sœurs est une véritable aubaine pour les parents. Ils n'ont pas besoin de raccompagner la gardienne chez elle le soir, de donner des instructions détaillées sur les habitudes de la maison ni d'expliquer où sont les choses. Existe-t-il des inconvénients à un tel arrangement?

Lisa Chartier, mère de Mélissa, 12 ans, qui garde parfois ses jeunes frères et sœurs, trouve que les bagarres qui éclatent entre les enfants sont un gros problème. «Elle a beaucoup de difficulté à faire respecter la discipline, explique Lisa. La solution que j'ai trouvée a été de dire à Mélissa de mettre par écrit tous les problèmes qu'elle avait lorsqu'elle gardait les plus jeunes et que je m'en occuperais lorsque je rentrerais à la maison.»

Carole Anne approuve une telle approche: «Les enfants doivent être réceptifs à ce genre d'arrangement. Si un de mes enfants avait un vrai problème de comportement, ou si le plus vieux ne s'entendait pas avec le plus jeune, je ferais appel à une gardienne. Le gardiennage entre frères et sœurs fonctionne seulement si tout le monde y met du sien.»

Les parents se demandent souvent si le jeune qui garde ses frères et sœurs devrait être rémunéré. Carole Anne précise: «Je ne les paie jamais pour garder. Je crois qu'ils doivent le faire par générosité, en tant que membres de la famille. Par contre, je leur loue une vidéocassette et leur achète quelques gâteries à manger, c'est donc un cadeau pour chacun d'eux.»

Lisa a opté pour une approche totalement différente. «Si nous sortons pour le repas ou pour la soirée, je paie Mélissa comme je paierais une autre gardienne. Après tout, elle a peut-être refusé d'aller garder ailleurs pour nous dépanner. Mais il lui arrive souvent de garder pendant que je vais à la banque ou à l'épicerie, et je ne la paie pas pour ces petits services rendus.» Les Bernier ont une entente similaire avec Yannick.

Dans l'ensemble, garder dans sa famille peut être une solution pratique pour les parents, et avantageuse pour le jeune gardien. «Ils aiment bien avoir la possibilité de diriger, raconte Lisa, et je crois que ça leur donne de l'assurance, ce qui les aide lorsqu'ils vont garder ailleurs.» Des voisins demandent souvent à Mélissa de garder. C'est en partie parce qu'ils savent qu'elle s'occupe de ses jeunes frères et sœurs.

«Je pense que c'est aussi bien pour Yannick que pour nous, précise Jean. Ça lui donne de l'assurance de savoir que nous lui faisons confiance.»

Tout le monde s'accorde pour dire que les frères et sœurs plus âgés ne devraient pas trop garder chez eux; cela pourrait susciter encore plus de conflits. Mais avec une préparation convenable et du soutien, garder ses jeunes frères et sœurs peut être une occasion d'apprendre des plus valables pour l'aîné et une excellente façon de renforcer les liens qui l'unissent à ses frères et sœurs.

exemple

Garder ses frères et sœurs: une histoire d'horreur

Au cas où tout ceci vous semblerait trop beau pour être vrai et que vous vous demandiez pourquoi ce n'est pas aussi facile avec *votre* enfant, voici une histoire vécue, du temps où Holly était enfant: «Lorsque nous étions beaucoup trop âgés pour nous faire garder, mes pauvres parents devaient tout de même faire appel à une gardienne parce que mon plus jeune frère et moi n'arrêtions pas de nous bagarrer méchamment. De temps à autre, ils essayaient de nous laisser seuls, mais ils le regrettaient presque toujours. Le pire incident s'est produit alors que j'avais 13 ans. Mon jeune frère, qui en avait alors 10, était, selon moi, tellement méchant, que j'ai décidé de téléphoner à mes parents. Chaque fois que je commençais à composer le numéro, il coupait la communication. Je courais du téléphone de la cuisine à celui de la chambre pour tenter d'appeler. Finalement, en désespoir de cause, je lui ai donné un bon coup de récepteur sur la tête. Ça l'a rendu fou de rage. Je me suis précipitée en larmes chez mon amie, de l'autre côté de la rue, pour lui demander la permission d'utiliser son téléphone. C'est son frère de 16 ans qui a répondu à la porte; il venait tout juste de se raser la tête. Y a-t-il quelque chose de plus humiliant que de pleurer comme une fontaine devant un grand gars qui vient juste de se raser la tête? Je ne le crois pas.»

Par contre, l'histoire se termine bien: «Maintenant, mon frère et moi sommes d'excellents amis. Nous nous aimons beaucoup et ni l'un ni l'autre ne sommes enclins à faire des colères violentes. Mais cela a dû être une période très difficile pour nos parents!»

«Je veux des sous!»
l'appât du gain

«C'est un âge difficile à cause de la question de l'argent, se plaint Catherine Harrison, 10 ans. On est tentés par toutes sortes de choses, mais on est trop jeunes pour travailler.»

Est-ce une bonne idée de permettre aux préados de gagner leur argent? Certains parents ne le pensent pas et préfèrent donner de l'argent de poche à leurs jeunes ou tout simplement de l'argent lorsqu'ils en ont besoin. Mais Renée Gariépy, mère de Matthieu, 10 ans, et d'André, 8 ans, raconte: «Depuis que Matthieu a commencé à travailler pour gagner son argent, j'ai remarqué qu'il en comprenait vraiment la valeur. Il réfléchit avant de le dépenser pour n'importe quoi parce qu'il sait qu'il est difficile de le gagner.»

De nos jours, les préados ont plus de difficulté à se trouver du travail que par le passé. Prenons l'exemple des journaux. Avant, on engageait de jeunes camelots. Aujourd'hui, ce sont souvent les adultes qui font ce travail, avant le lever du soleil; lorsque ce sont des jeunes qui livrent les journaux, leurs parents sont souvent nerveux quand vient le temps de sonner aux portes pour percevoir le paiement. «Je distribuais les journaux et quand venait le temps de me faire payer, c'était toujours un problème, raconte Normand Lessard, 12 ans. Soit que les gens n'étaient pas chez eux et je devais y retourner plusieurs fois, soit que je n'avais pas suffisamment de monnaie sur moi. Maintenant, je ne m'occupe que de la livraison le dimanche matin, et ce n'est pas moi qui ramasse l'argent. C'est moins payant, mais c'est beaucoup plus facile!»

Normand fait preuve d'un esprit d'entreprise en prenant tous les journaux qui lui restent de sa tournée et en les vendant aux voisins qui ne sont pas abonnés. «On m'en donne toujours quelques-uns de plus et on s'attend à ce que je les jette.»

Il a aussi une autre façon beaucoup plus traditionnelle de gagner de l'argent: il garde un petit garçon de 5 ans, qui demeure tout près de chez lui.

Normand affirme qu'il retire beaucoup de ce qu'il fait. «J'aime travailler et je me sens utile. Les gens apprécient lorsque je leur livre les journaux ou lorsque je garde pour eux. Et c'est super d'avoir de l'argent que j'ai gagné moi-même quand je veux acheter quelque chose.»

Parfois, les jeunes comme Normand sont frustrés de ne pouvoir avoir un vrai «travail» en raison de leur âge. Bien des parents les aident en leur allouant une certaine somme pour des petits services rendus. «Je ne paierai pas pour les tâches habituelles, comme ranger leur chambre, explique David Harrison, père de trois filles, dont Catherine. Mais si elles veulent donner un bon coup de main, comme nettoyer le garage ou ramasser les feuilles, alors je leur donne un petit quelque chose.»

Il trouve cependant que cet arrangement soulève certains conflits. «C'est frustrant pour Catherine quand je lui dis que je ne suis pas satisfait de son travail et qu'elle se plaint que c'était trop difficile.» David conclut que ce genre de friction survient souvent quand les enfants travaillent pour leurs parents, et non pour quelqu'un d'autre.

Malgré ces désagréments, beaucoup de parents voient de grands avantages à ce que leurs préados gagnent de l'argent.

Renée Gariépy, dont le fils Matthieu distribue les journaux le dimanche matin seulement, raconte: «Je crois que ça lui a vraiment appris à gérer ses sous. Il a accepté ce travail parce que nous ne lui donnions pas d'argent de poche; il voyait que tous les autres enfants de son âge avaient de l'argent, et que lui n'en avait pas. Il voulait tout simplement avoir un peu d'argent à dépenser.»

Matthieu aime bien travailler une seule journée par semaine, même s'il ne gagne pas beaucoup, car ça ne lui prend pas trop de son temps. De son propre chef, il a décidé de mettre en banque la moitié de ce qu'il gagne et de dépenser le reste.

Selon sa mère: «Il ne dépense pas systématiquement l'autre moitié de ce qu'il gagne.» Il en met de côté pour des achats particuliers, comme une casquette de baseball et des cadeaux de Noël. Il lui arrive même parfois de se rendre compte, après avoir économisé pendant un certain temps, qu'il ne veut plus vraiment le jeu vidéo ou le jouet qu'il avait prévu s'acheter.

Ce ne sont pas tous les préados qui sont intéressés à devenir de jeunes entrepreneurs ou qui sont prêts à faire des corvées chez eux pour avoir de l'argent. Ceux qui le font, cependant, découvrent souvent que gagner leur propre argent, à leur façon, leur donne une ouverture sur le monde des adultes et un peu d'argent de poche à dépenser.

Gagner de l'argent: trouver un équilibre

Nous admirons tous les enfants qui se débrouillent et gagnent leur propre argent: ils font preuve d'un grand sens des responsabilités et ils sont prêts à travailler fort. On leur attribue toutes sortes de bonnes qualités. Mais certains parents s'inquiètent du fait que leurs enfants, voulant faire beaucoup d'argent, obtiennent, trop jeunes, un travail à temps partiel. Ils négligent ainsi leurs études et n'ont plus le temps de jouer.

Prenez Carlo, 12 ans. Il livre des journaux tous les jours et, les fins de semaine, il aide à installer et à démonter un marché aux puces. Il aime l'argent qu'il gagne et tout ce que ça lui permet d'acheter. Mais il a dû arrêter de jouer au hockey, parce que son travail de fin de semaine l'empêchait de participer à ses matches. La livraison des journaux l'empêche également de participer aux activités parascolaires.

Gagner de l'argent donne aux préados un sentiment d'accomplissement et de liberté qui leur est précieux. Mais cela ne doit pas être fait au détriment des autres choses importantes de leur vie: le temps d'être avec leurs amis, de s'adonner à leurs loisirs et leurs passe-temps, de faire leurs devoirs. Si votre enfant laisse tomber des activités intéressantes pour gagner de l'argent dans le but de le dépenser, vous pourriez peut-être songer à augmenter son argent de poche ou à lui donner des occasions de gagner plus d'argent à la maison.

Les punitions
le pour et le contre

K arine Sansouci ne savait pas où était sa fille. Julie, ayant un comportement typique des enfants de son âge, était allée jouer avec son amie sans prévenir. Karine n'a pas vraiment paniqué. Quelques coups de téléphone ont suffi pour savoir où était sa fille, mais elle était fâchée, et avec raison. Julie fut sommée de rentrer immédiatement et privée de sortie.

Karine utilise cette punition plus qu'elle ne le voudrait, avec ses enfants. Elle avoue que ça fonctionne rarement et qu'elle en paie souvent le prix. Après tout, il n'y a rien que son fils Jérôme, passionné d'ordinateur, aime plus que d'être privé de sortie. D'ailleurs, obliger les enfants à rester à l'intérieur les rend souvent d'humeur maussade, ce qui n'est agréable pour personne.

L'éducatrice Mary Gordon connaît très bien le sujet. Et elle croit que les parents usent beaucoup trop de ce confinement à la maison, la perte de privilèges à l'extérieur de la maison.

Mary Gordon stipule que, avant d'imposer toute conséquence en réaction à un acte répréhensible, on doit se poser la question suivante: «Est-ce raisonnable?»

Elle signale que les jeunes sont souvent punis pour des choses qui surviennent dans la maison et qu'il n'est pas raisonnable de priver des enfants de voir leurs amis ou de participer à des activités extérieures parce qu'ils ne se sont pas conformés aux attentes de la maison. S'ils n'ont pas fait les tâches qui leur sont assignées parce qu'ils regardaient la télévision, les priver de sortir n'est pas une bonne conséquence. Par contre, il serait raisonnable de leur dire qu'ils ne pourront pas regarder la télévision tant qu'ils n'auront pas fait leur travail.

Mary Gordon souligne que l'interdiction de sortir devrait être réservée à la mauvaise conduite reliée à quelque chose qui survient à l'extérieur de la maison. «Par exemple, si vous dites à votre jeune: "Tu dois être à la maison à dix-sept heures" et qu'il arrive à dix-huit heures trente, il est raisonnable de lui interdire de sortir le lendemain. Il a perdu le privilège de sortir, pendant une *courte* période de temps.»

Nous devons aussi être conscients de ce que nous enlevons à nos enfants lorsque nous les isolons de leurs pairs. Karine explique: «Jérôme ne passe déjà pas beaucoup de temps avec ses amis. Le punir en lui réduisant le peu de temps qu'il passe avec eux va à l'encontre du but recherché.»

Mary Gordon ajoute: «Un jeune de cet âge doit apprendre à vivre à l'extérieur de chez lui. Les enfants qui fréquentent d'autres jeunes de leur âge ont de meilleurs résultats à l'école et sont plus heureux. Nous pensons souvent que le temps que les jeunes passent entre eux n'est pas profitable, mais ça l'est.»

Alors pourquoi les parents confinent-ils si souvent leurs enfants à la maison? «Je crois qu'ils agissent par automatisme, répond Mary Gordon. Nous sommes toujours portés à reproduire ce que nous avons vécu. Plusieurs d'entre nous avons été punis par des tapes lorsque nous étions petits et, plus vieux, par des interdictions de sortir.» Le contrôle parental semble effectivement précaire lorsque nos enfants deviennent des préadolescents et leur interdire de sortir peut être une façon rapide de reprendre un peu le dessus. «C'est presque comme s'ils disaient, à cet âge: "Prouve-moi que tu es sérieuse"», dit Diane Dorval, mère de deux garçons de 9 ans et de 11 ans. Elle soutient que priver avec modération (une ou deux fois par année), un jeune de sortir peut à la fois être valable et efficace. «À leur âge, avec la taille et l'intelligence qu'ils ont, il y a bien peu de choses que je puisse faire. Ils s'en fichent si je leur demande de se tenir tranquilles ou si je les prive d'une émission de télévision. Il faut vraiment quelque chose de beaucoup plus important pour qu'ils me prêtent attention.»

Une fois, Diane a privé Bernard, son fils de 11 ans de sortie. Ils se rendaient voir le cirque du Soleil en famille quand Bernard a piqué une colère à tout casser et l'a injuriée.

«Il avait vraiment dépassé les bornes, raconte-t-elle. Mon mari l'a ramené à la maison et ils ont tous deux manqué le cirque. J'étais vraiment désolée parce que cette sortie était une occasion qui ne se présente qu'une fois: mais le comportement de mon fils s'est nettement amélioré pendant un bon bout de temps.»

À long terme, cependant, Mary Gordon soutient que le fait d'empêcher les jeunes de sortir ne les aide pas à apprendre à s'autodiscipliner et que ça peut facilement tourner en une lutte de pouvoir stérile. «Tout le monde oublie la cause du problème, dit-elle. Pourquoi ne pas encourager un bon comportement au lieu de punir un mauvais comportement? Expliquez-leur clairement ce que vous attendez d'eux. Établissez les conditions *avant* que le mauvais comportement survienne.»

Vers l'âge de 9 ans, les enfants font l'apprentissage de l'indépendance, signale Mary Gordon. «Nous nous attendons à ce qu'ils soient beaucoup plus responsables et fiables. Mais ils aiment leurs amis et ils se laissent entraîner facilement; ils oublient parfois. Nous devons leur apprendre à être responsables, à téléphoner ou à être rentrés à une heure précise.» Les priver de sortie peut parfois être une solution, mais il n'est pas nécessaire d'imposer une longue durée à la punition, une semaine par exemple, pour qu'elle soit efficace, croit Mary Gordon. Tout d'abord, priver un enfant de sortir pendant longtemps l'empêche d'être en contact avec l'extérieur, de réussir à se comporter de façon responsable et d'en tirer une bonne rétroaction.

Que faire si vous vous laissez emporter, que vous privez votre jeune de 11 ans de sortie pendant deux semaines, et que vous ne pensez pas pouvoir endurer ce préado grincheux emprisonné dans la maison pendant tout ce temps? Vous devrez admettre que vous avez fait une gaffe.

Mary Gordon conseille de dire aux enfants quelque chose comme: «J'étais vraiment inquiète et je me suis laissée emporter. J'admets que j'ai été injuste envers toi, alors je réduis le temps de ta punition.»

Avouer que l'on s'est trompé ne signifie pas perdre la face. En fait, cette attitude est rentable à long terme. «L'honnêteté touche les enfants de cet âge, explique Mary Gordon. Je crois que vous pouvez vous attirer leur respect si vous admettez vous être trompé.»

Les enfants peuvent aussi admettre leurs erreurs. Un jour, les enfants de Karine Sansouci se sont privés de sortie eux-mêmes. «Nous allions au cinéma et ils se bagarraient tellement dans la voiture que j'ai fait demi-tour pour en discuter à la maison, raconte Karine. J'étais sur le point de laisser tomber et de les ramener au cinéma quand Julie a dit: "Non, nous n'avons plus assez de temps, maintenant. Nous avons tout gâché."»

Plutôt que de priver les jeunes de sortir

Tout d'abord, revoyons la base. Avant que votre enfant ait adopté un mauvais comportement et que vous ayez eu à imposer les conséquences, avez-vous:

- Établi clairement et spécifiquement vos attentes?
- Négocié certaines règles, dans les limites raisonnables?
- Fait l'éloge d'un comportement responsable, ou montré que vous l'appréciez?
- Vous êtes-vous assuré que votre enfant entend et comprend vos attentes?

Au départ, toutes ces étapes sont utiles. Ensuite, pour les transgressions inévitables, vous pouvez songer à différentes options:

- Rappelez-lui. Toutes les gaffes ne requièrent pas des conséquences dures! Si votre enfant est habituellement responsable, et qu'un jour, il oublie de vous prévenir qu'il va jouer chez son ami, cela peut être suffisant de lui rappeler que vous étiez inquiet et que vous devez savoir où il est. S'il oublie de nourrir le chien une fois, vous pouvez le lui rappeler. S'il l'oublie fréquemment, vous pouvez l'aider à trouver un moyen de s'en souvenir.
- Demandez réparation. A-t-il blessé son petit frère? Il devrait peut-être faire quelque chose de gentil pour lui (lorsqu'il se sera calmé), comme faire une de ses tâches à sa place ou l'aider à construire son nouveau lego.
- Les conséquences logiques. Ce n'est pas toujours facile d'en trouver une; mais si vous le pouvez, choisissez une conséquence qui découle logiquement du délit. Cela aura de meilleures chances de réussite, parce qu'il sera diffi-

cile, même pour un jeune avocat en herbe, de soutenir que ce n'est pas juste. Aller à bicyclette sans casque protecteur? Il devrait peut-être aller à l'école à pied, la semaine suivante. Laisser ses vêtements et les serviettes de bain en boule et tout mouillés dans la salle de bains, peu importe le nombre de fois que vous le lui avez fait remarquer? Il pourrait faire la lessive. (Au fait, priver le jeune d'une petite sortie est approprié dans le cas où, par exemple, il est allé au parc avec ses amis sans vous prévenir.)

- Les travaux communautaires. «Voici une conséquence "illogique" que j'aime bien, parce que j'en tire profit au lieu de récolter d'autres problèmes, souligne une mère. Je lui donne des corvées supplémentaires à faire. Ça n'a pas vraiment de lien avec la faute commise, mais il y a tout de même une certaine logique: tu m'as causé du souci ou occasionné du travail supplémentaire, alors, tu répares en me donnant un coup de main.»

- Retirer un privilège non avantageux. Les éducateurs n'aiment pas vraiment retirer des privilèges. Ce genre de punition n'a habituellement rien à voir avec le mauvais comportement et se situe très bas dans l'échelle de l'apprentissage des valeurs. Mais en réalité, la plupart des parents l'utilisent quand ils sont épuisés. Si vous sentez que vous devez retirer un privilège, essayez de ne pas toucher à ceux qui apportent des bénéfices à l'enfant. Enlevez du temps de télévision ou de jeu vidéo, ou encore une promenade au centre commercial, mais ne privez pas l'enfant d'une excursion en patins, en famille, ou ne l'empêchez pas de jouer avec ses amis.

Faire face à l'impertinence

« Je vais chez Sébastien, d'accord?» «Pas maintenant, mon cœur.» «Pourquoi?» «Parce qu'il y a école demain et que tu n'as pas encore fait tes devoirs. Il est trop tard.» «C'est stupide! Qu'est-ce que ça peut faire s'il y a école demain? Tu ne me laisses jamais rien faire! J'y vais, de toute manière!» Ces caractères imprimés ne peuvent évidemment pas traduire toute la véhémence avec laquelle ces mots sont lancés. En revanche, cette situation vous est peut-être familière. Si vous vivez avec un préado, vous avez sans doute expérimenté ce type d'échange au moins une fois, sinon à de nombreuses reprises. Et peut-être avez-vous connu pire.

Si l'impertinence n'a rien d'agréable, nous pouvons nous consoler en nous disant que, à cet âge, elle est on ne peut plus normale. Dans sa chronique intitulée «Petits et grands» (*Le Magazine Enfants Québec*, février-mars 2000), Joe-Ann Benoît consacre la section des 9-12 ans à cette question: Défier l'autorité: ses droits. «Tôt ou tard, vient un jour où votre préadolescent défie votre autorité... Autrefois, l'adulte aurait réprimandé sévèrement le jeune qui aurait ainsi osé l'interpeller. Mais aujourd'hui, nous reconnaissons que l'enfant a certains droits.» L'auteure et conférencière explique qu'il est primordial que l'on reconnaisse à l'enfant le droit de s'exprimer et d'être écouté, le droit à des explications et aussi le droit à une certaine négociation. «L'enfant qui n'a jamais eu le droit de parole, à qui on n'a jamais permis d'argumenter ni de dire "non", celui à qui on a toujours dit "Tais-toi et obéis!", aura plus de mal à s'affirmer en d'autres circonstances.»

Toutefois, si l'impertinence devient problématique dans votre famille, Diane Prato, conseillère à London (Ontario) suggère quelques stratégies préventives. Celles-ci n'élimineront pas le problème, mais elles créeront un climat plus propice à un comportement mieux approprié:

Établir certaines normes familiales concernant la manière de s'adresser aux autres. Vous avez sans doute depuis toujours un règlement interdisant de frapper les autres ou de leur faire mal. Il est temps de stipuler que la violence verbale, injures, insultes, etc. est, elle aussi, inacceptable.

Récompenser l'affirmation de soi polie. Laissez savoir à votre préado que vous *tenez* à l'entendre exprimer ses impressions et ses idées, mais que vous serez beaucoup plus ouvert à la négociation s'il essaie de le faire de façon appropriée. Expliquez-lui clairement que vous insulter ou élever la voix contre vous ne vous fera *certes pas* changer d'avis, tandis qu'un argument raisonnable pourrait le faire. Je dis parfois à notre jeune de 11 ans plutôt coléreux: «Si tu cries après moi lorsque je te dis non, la réponse sera toujours non. Si tu te calmes et m'expliques ce dont il s'agit, nous trouverons peut-être une solution.»

Lorsque votre enfant réussit à protester de manière acceptable, faites-lui des concessions plus importantes et expliquez-lui pourquoi. «Très bien. Tu m'as expliqué clairement et poliment pour quelle raison tu voulais rester debout et regarder cette émission. Je te le permets à la condition que tu prépares d'abord ton sac d'école et que tu te mettes déjà en pyjama.»

Réévaluer les règles et habitudes familiales en fonction de la maturité croissante de votre préadolescent. C'est le moment idéal de reconnaître le besoin qu'a votre enfant d'avoir une plus grande indépendance en lui offrant davantage de choix et en élargissant ses responsabilités. Peut-il décider à quelle heure éteindre sa lumière ou faire ses devoirs? Peut-il donner son avis sur les tâches qui lui sont assignées et le moment où il doit s'en acquitter? Si vous lui donnez les moyens adéquats d'exercer son indépendance, il n'éprouvera peut-être pas le besoin de la demander de manière si agressive.

Toutefois, cette agressivité pourra réapparaître à l'occasion. Vous demandez à votre enfant de sortir le bac de recyclage et vous vous faites accuser de tous les maux. Diane Prato suggère plusieurs solutions:

Écoutez. «Oh! Quelque chose ne va pas! Que se passe-t-il?» Lorsque les enfants sont particulièrement hargneux, c'est souvent en réaction aux tensions accumulées tout au long de leur journée. «Ils déversent leur frustration à la maison, là où ils se sentent en sécurité. Nous pouvons leur montrer, par notre disposition à écouter, qu'ils n'ont pas à être aussi irritables pour avoir notre attention.»

Concentrez-vous sur le problème. L'impertinence peut être un moyen très efficace de détourner notre attention du ménage qu'il a à faire! Lorsqu'une tâche doit être accomplie, ne vous laissez pas distraire et entraîner dans une terrible confrontation à propos du langage.

Faites preuve d'honnêteté et de fermeté. «L'objectif n'est pas de leur faire éprouver de la culpabilité, mais il est bon qu'ils sachent que nous avons, nous aussi, nos propres sentiments», explique Diane Prato. Dites-leur bien: «Je n'aime pas me faire parler sur ce ton. C'est inacceptable.» Si vos enfants continuent, peut-être devrez-vous ajouter: «Je refuse de me faire insulter», et vous éloigner.

Après tout, nous ferions un bien piètre modèle en laissant nos enfants nous prendre pour n'importe qui. Diane Prato résume joliment la chose: «Il est important de respecter les sentiments des enfants, mais il est essentiel de se respecter soi-même!»

Ne vous sentez pas personnellement visé. «C'est habituellement notre première réaction, admet Diane Prato. Pourtant, l'impertinence dont fait preuve un enfant est rarement une attaque personnelle. Cette attitude est généralement due à son développement et aux tensions extérieures. Si un enfant se montre constamment blessant et hostile, c'est sans doute le signe d'un problème plus grave.» (Une discussion sur ce sujet doit, bien entendu, être abordée de façon sensible, à un moment de calme et d'intimité et, éventuellement, avec l'aide d'un conseiller familial ou d'un pédopsychologue.)

Discutez de manière plus positive une fois le calme revenu. Les infractions mineures peuvent souvent être relevées sur-le-champ par un joyeux «Pardon?» ou «Désolé, je ne réponds pas à cela. Tu veux me le dire autrement?» Mais s'il est en colère, votre enfant ne sera pas réceptif. Attendez un moment plus calme; il sera alors plus ouvert à entendre parler de l'importance d'apprendre à s'affirmer de manière respectueuse en famille, avec ses amis et collègues, et ce, la vie durant. Donnez-lui des exemples d'approches plus acceptables et productives qu'il pourrait utiliser: «Papa, je déteste que mes amis puissent faire certaines choses et moi pas. Ça me gêne!» ou «Et si je faisais de nouvelles tâches pour gagner de l'argent? Est-ce que je pourrais aller au cinéma?»

Lorsque vos enfants se fichent de vous, de ce que vous dites et des limites que vous avez établies, Diane Prato conseille de ne surtout pas vous décourager. À cet âge, les enfants «réagissent plutôt mal à la correction. Il est peu probable qu'ils vous disent: "Un bon point pour toi, maman!" ou "Tu as raison, je vais en tirer une leçon, promis". En revanche, ils continueront de vous répondre».

Les gros mots fusent!

Les enfants qui jurent et usent d'un langage coloré sont l'objet de discussions parmi les parents. Certains parents n'en font pas de cas. Utilisant eux-mêmes un tel langage, ils ne sont aucunement choqués d'entendre ces mots dans la bouche de leurs enfants. D'autres, par contre, trouvent cela blessant et croient fermement qu'un tel langage ne devrait pas être toléré.

Parce que les opinions varient énormément, Rob Coverdale, enseignant de cinquième année (Oakville, Ontario), explique que même si votre famille tolère les jurons, votre enfant doit comprendre que d'autres ne les acceptent pas du tout. «Les enfants ont de la difficulté à comprendre pourquoi la façon dont ils s'expriment chez eux est inacceptable à l'école.» Comme pour tout comportement social, les enfants ont besoin d'apprendre quand un tel langage est approprié et quand il ne l'est pas.

Tout comme les adultes, il arrive que les enfants jurent sous le coup de la colère. Comme le dit si bien l'un de mes fils: «On est si fâché que l'on ne pense plus de la même manière, et les jurons sortent automatiquement. On entend des adultes et d'autres enfants faire la même chose quand ils sont fâchés.»

Mais les enfants tendent aussi à jurer «pour s'amuser», surtout lorsqu'ils sont entre eux. La travailleuse sociale Kathy Likavec, qui a passé beaucoup de temps avec des enfants de ce groupe d'âge, dit que c'est tout à fait normal. «Ça peut être amusant de jurer. Je me souviens d'avoir été en voiture avec ma fille de 9 ans et plusieurs de ses amis. Ils chantaient une chanson avec entrain et savaient qu'il y avait un juron dans les paroles. Ils n'avaient qu'une hâte, c'était d'arriver à ce mot. C'est être audacieux. C'est ça, grandir.»

Mais que faire si le langage utilisé par votre préado semble échapper à votre contrôle?

Kathy Likavec recommande aux parents de reprendre tout simplement l'enfant chaque fois qu'il dit des gros mots à des moments inappropriés (lorsqu'il est avec ses grands-parents, peut-être, ou à l'école), mais surtout, de ne pas en faire tout un plat. «Je ne punirais pas un enfant parce qu'il jure. Si l'enfant ne se corrige pas, s'il persiste à jurer lorsque vous discutez ou si le professeur vous appelle parce qu'il jure continuellement à l'école, vous devez découvrir quel problème se cache derrière un tel comportement. Pourquoi votre enfant affiche-t-il une telle colère, une telle hostilité, un tel désespoir pour attirer l'attention? Ne vous inquiétez pas outre mesure du langage utilisé: cherchez un problème plus profond.»

Y arriver ensemble
les réunions familiales

La réunion familiale: un moment où les parents et les enfants peuvent planifier des choses, résoudre des problèmes, établir des règles familiales ensemble. Carolyn Usher, directrice des publications de l'organisme sans but lucratif BC Council for the Family et mère de deux adolescents, croit fermement aux réunions familiales. «C'est une excellente façon d'apprendre à vivre dans une démocratie, dit-elle. Les enfants apprennent à exprimer leurs opinions et à évaluer l'effet que leurs décisions ou demandes auront sur les autres. Ils apprennent à résoudre des conflits en tenant compte des besoins et des sentiments de chacun. Ils apprennent à accepter et à partager les responsabilités. Nous avons acquis un véritable sens de solidarité familiale, ce qui est très agréable.»

Ça semble bien, en théorie. Mais qu'en est-il dans la réalité? Une petite voix intérieure m'a chuchoté de le découvrir avant d'écrire cet article. Je devais mettre tout ceci en pratique.

Dans mon propre foyer, mes deux garçons, âgés de 7 et 11 ans, seraient de parfaits cobayes.

Carolyn Usher affirme que les réunions familiales se déroulent très bien, même avec de jeunes enfants. Les résultats sont cependant plus évidents pour les parents lorsque leurs enfants s'approchent de l'adolescence. Les jeunes de 9 à 12 ans sont généralement plus ouverts aux idées de leurs parents que les adolescents, mais ils sont tout aussi impatients d'exprimer leur opinion. C'est donc l'âge idéal pour commencer à tenir des réunions familiales. «Si vous ne cherchez qu'à policer l'énorme besoin d'indépendance de vos enfants, votre foyer pourrait ressembler à un champ de bataille. Mais lorsque la responsabilité des décisions et des règles est partagée, tout le monde s'en occupe. Le foyer devient alors un lieu nettement plus agréable.»

Il ne s'agit cependant pas de tout partager. «Vous devez distinguer ce qui est négociable de ce qui ne l'est pas, nous met en garde Carolyn Usher. Et cela doit être clairement établi.»

Bien. Tandis que je me prépare à rédiger ce chapitre, l'ordre du jour de notre première réunion familiale, prévue pour le dimanche après-midi, est affiché sur le frigo. Soucieuse de trouver un premier point facile et amusant, j'y inscris *Planifier les vacances d'été des garçons* (nous sommes alors au printemps). Pendant plusieurs jours, ce point demeure le seul inscrit. Bon, mais encore?

Les réunions familiales où l'on choisit entre un camp d'informatique et un de natation sont une chose; mais elles sont censées servir à résoudre des conflits de manière créative. Aussi, après qu'un hurlement d'indignation se soit fait entendre et que j'aie réussi à séparer les deux garçons à moitié désarticulés, j'ai pris ma décision: «Chacun de vous est convaincu que cette carte lui appartient. Jesse affirme que tu l'as échangée et toi, Riley, tu jures ne l'avoir jamais fait. Pour le moment, je vais mettre cette carte en lieu sûr, et nous mettrons ce point à l'ordre du jour de notre réunion de demain. Si vous réglez le problème entre vous d'ici là, c'est très bien; sinon, nous chercherons tous ensemble une solution qui vous conviendra à tous les deux.» Nouveau chapelet d'accusations et de contre-accusations. «Nous réglerons ça à notre réunion. Et maintenant, distribution d'argent de poche.» (Un bien piètre stratagème pour les distraire, j'en conviens.)

Je me sens cependant un peu inquiète. Comment peut-on arriver à un consensus dans ce qui semble être un cas de vol?

Carolyn Usher donne quelques conseils aux parents désireux de commencer à tenir des réunions familiales. Dirigez-les tout d'abord comme de véritables réunions – avec ordre du jour et procès-verbaux. Ça peut paraître un peu guindé au début (vous pouvez aussi utiliser des termes plus communs, tels que «plan de réunion» et «ententes»), mais la structure permet à chacun de donner son avis et procure, à la fin, une impression de réussite. Les enfants se sentent en outre pris au sérieux lorsque leurs parents donnent un certain poids à leurs opinions en les écrivant.

Ensuite, prévoyez à chaque réunion, surtout aux premières, un point de discussion positif qui rendra l'ambiance plus sympathique et permettra aux enfants de prendre part aux décisions de façon agréable (Quel film devrions-nous louer dimanche? Quelle activité pourrions-nous prévoir cette fin de semaine?).

Enfin, ne soyez pas découragé si la première réunion est quelque peu tumultueuse. «Il faut un certain temps pour apprendre les techniques de négociation, nous rassure Carolyn Usher. Avec des enfants plus âgés, il peut en outre y avoir des plaintes en souffrance que vous devrez régler.» Le temps que tous les membres de la famille s'habituent, un parent devrait présider la réunion: essayer de garder une atmosphère détendue et courtoise, rappeler aux enfants que chacun aura l'occasion de parler, rappeler que la résolution de problèmes a pour objet de trouver des solutions mutuellement acceptables. Le cas échéant, les enfants pourront tour à tour présider et prendre des notes.

Le jour J arrive. Je rappelle ce que nous essayons de faire. Nous réglons le premier point. Point numéro deux: la carte. L'un des avantages de ce système est d'emblée évident: les deux garçons sont de bonne humeur et non pas fous furieux. Ils échangent des plaisanteries d'un bout à l'autre de la table. Je résume brièvement le problème à mon mari et passe rapidement à la recherche d'une solution avant que les garçons aient une prise de bec. Jesse serait-il prêt à donner une autre carte à Riley pour conserver celle-ci? Riley ne veut aucune des cartes de Jesse. Riley accepterait-il de donner cette carte à Jesse contre autre chose? Pas vraiment, car il ne l'a pas en double. L'un d'entre vous serait-il prêt à racheter cette carte à l'autre? Bingo! Riley est d'accord. Jesse lui demande quinze cents. Riley lui en propose dix, mais se laisse facilement persuader que la carte en vaut bien quinze. Seulement, ayant déjà dépensé tout son argent de poche, Riley n'a pas les sous demandés. Enfin, c'est réglé: je garderai la carte jusqu'à ce que Riley ait gagné les quinze cents qu'il doit à Jesse.

Bien sûr, il s'agissait là d'un problème mineur. Une simple carte de hockey. Mais il a été résolu de façon amicale, créative et à un niveau sonore supportable. Tous deux ont été satisfaits du résultat, et la question a été réglée en à peine dix minutes. Je suis impressionnée. Je comprends soudain pourquoi il était si difficile d'amener mes enfants à résoudre leurs problèmes: je les encourageais à le faire alors qu'ils étaient trop en colère pour réfléchir. C'est un peu comme chercher à négocier un traité de paix sur le front. Je constate qu'une réunion de famille permet aux enfants de régler des problèmes sans être soumis à la tension associée au conflit d'origine. Je suis emballée!

trucs & conseils

Un enfant à la fois: quand ce n'est pas une affaire de famille

Vous devez parfois discuter en privé avec un enfant. Il a eu de mauvaises notes et vous voulez comprendre pourquoi et comment remédier à la situation. Il ne semble plus jouer avec ses amis et vous vous demandez s'il y a un problème. Votre fille voudrait des sous pour s'acheter des vêtements: il faut vous asseoir avec elle pour faire la liste de ce dont elle a besoin et prévoir un budget. Mais dans une maison bruyante, où règne une perpétuelle agitation, ou avec un enfant pas très communicatif, il peut être difficile d'avoir une discussion sérieuse. Voici quelques suggestions:

- **Planifiez une rencontre.** Vous savez que vous ne pourrez pas discuter objectivement de ses notes tant que vous serez fâché. L'enfant se tient sur la défensive et son petit frère est dans vos jambes. «Réfléchissons tous les deux à ce problème pour l'instant. Lorsque Thierry sera couché, nous en discuterons ensemble dans la cuisine. Nous essaierons de comprendre ce qui a bien pu se passer.»

- **Sortez.** Invitez-le au restaurant du coin. L'ambiance sera plus positive, vous serez loin des distractions du foyer et vous serez tous deux mieux disposés à discuter.

- **Discutez en voiture.** Dans la voiture, vous êtes assis l'un à côté de l'autre, mais vous ne vous regardez pas. Et l'enfant ne peut fuir («Je dois appeler Émilie!») lorsque la conversation prend une tournure qui ne lui plaît pas. Il semble qu'il est plus facile ainsi pour plusieurs enfants (et parents) de parler ouvertement. Une longue balade à la nuit tombée (lorsqu'il fait noir, c'est encore plus facile de discuter) est idéale.

- **Profitez de l'heure du coucher.** L'heure du coucher n'est certes pas le bon moment pour régler un conflit. Mais lorsque votre enfant est couché dans le noir et détendu, il peut se sentir prêt à confier une inquiétude ou un problème. Asseyez-vous tout simplement sur le bord du lit pendant un instant, et parlez tranquillement de tout et de rien. Laissez beaucoup de silences dans la conversation. Si vous pensez qu'une chose en particulier le tracasse, parlez-en avec lui.

Lectures recommandées

- Germain Duclos, Danielle Laporte, Jacques Ross, *Les besoins et les défis des enfants de 6 à 12 ans: vivre en harmonie avec des apprentis sorciers*, Saint-Lambert, Les éditions Héritage, 1994.

La vie sociale de votre préadolescent

otre enfant a sans aucun doute passé une part importante de sa vie à jouer avec ses amis. Au fil des prochaines années, vous constaterez cependant d'intéressants changements dans ses relations amicales. L'amitié devient plus intense, mais aussi plus exigeante à mesure que les jeunes déterminent qui appartient à leur groupe d'amis et qui n'en fait pas partie.

Au fur et à mesure que les enfants entrent dans la puberté, leurs amitiés ont tendance à changer et ce, en fonction de ceux qui adoptent un comportement nettement adolescent ou de ceux qui ont besoin de vivre leur enfance un peu plus longtemps. Le passage au secondaire constitue un autre remue-ménage social à la fois excitant et effrayant.

Les enfants peuvent souffrir d'être laissés pour compte par leurs amis plus mûrs, et ils ont besoin de compréhension et d'encouragement pour trouver de nouveaux amis qui partagent leurs intérêts.

En matière d'amitié, il est difficile d'aider les enfants de cet âge, mais les parents peuvent toujours leur offrir un soutien important. Lorsque vous accueillez chez vous les amis de votre enfant ou que vous allez le reconduire chez ses copains, vous lui démontrez que vous valorisez sa vie sociale et lui donnez la possibilité de renforcer des relations amicales. Il est tout aussi important d'être à son écoute et compréhensif lorsque les choses tournent mal. Enfin, continuez à dire clairement à votre enfant que vous l'aimez pour ce qu'il est, et non pas pour les vêtements qu'il porte, ses prouesses en athlétisme ou le groupe auquel il s'associe.

Les meilleurs amis
et leur importance

Il y a de quoi se sentir insulté. Votre fille arrive de l'école et passe devant vous (sans vous dire bonjour!) pour appeler son amie. «Tu ne comprendrais pas», vous dit-elle en raccrochant le combiné. Lorsque vous annoncez vos formidables projets de vacances en famille, votre fils affirme qu'il n'ira pas sans son meilleur ami. «Ce serait mortel sans lui», soutient-il.

En dépit des apparences, vous êtes toujours important pour votre préado. Mais tandis qu'il entre dans l'adolescence, son meilleur ami devient plus qu'un simple copain avec qui jouer. C'est quelqu'un avec qui rester éveillé et chuchoter pendant la nuit ou avec qui partir à vélo à la recherche de nouvelles cachettes. Et ce qui est encore plus important, un bon ami est une personne qui peut accompagner votre enfant dans sa traversée du champ de mines émotionnelles de la puberté, tandis que nous, parents, malgré toutes nos bonnes intentions, ne pouvons que l'observer.

«Un ami est une personne en qui vous pouvez avoir confiance, sur qui vous pouvez vous fier, une personne dont vous vous souciez et avec qui vous aimez passer du temps», explique Gabriel, 11 ans.

Josiane, 10 ans, ajoute: «Je me sentirais très seule sans ma meilleure amie. Je n'aurais personne avec qui parler et partager certaines choses. Avoir une véritable amie, c'est se disputer parfois. Mais nous découvrons pourquoi nous nous sommes disputées et nous redevenons amies.»

«À quoi servirait de passer sa vie sans ami? demande Jean-Sébastien. Je n'ai ni frère ni sœur; sans ami, je serais terriblement seul.»

Parler des sujets plus intimes associés à la croissance n'est qu'un des aspects de l'amitié à cet âge. Jean-Sébastien considère que ses relations amicales ajoutent beaucoup à son expérience scolaire. «J'aime les gens amusants. Et c'est encore mieux quand nous sommes dans la même classe. Nous pouvons nous passer des messages et parler dès que le professeur a le dos tourné.» Il ajoute, d'un air plus sérieux, qu'un bon ami dans notre classe peut aussi nous aider à faire nos devoirs.

Les amis constituent en outre une certaine protection contre les dures réalités de la vie dans une cour d'école. «Nous nous protégeons l'une et l'autre, explique Josiane. Il y a un garçon qui embête tout le monde à l'école – il est si méchant. Il m'a donné un coup de pied dans le ventre; ça m'a vraiment fait mal. Ma meilleure amie est allée chercher de l'aide. J'en fais tout autant pour elle, j'essaie de l'aider.»

Certaines relations établies à cet âge sont merveilleusement riches et durables. Caroline Provencher, 17 ans, a rencontré son amie Claude-Annie lorsqu'elles avaient toutes deux 10 ans. «Nous nous sommes appréciées tout de suite. Nous ne partagions pas les mêmes loisirs, mais nous étions du même genre. Nous avons même inventé notre langage secret.» Caroline et Claude-Annie terminent leurs études secondaires et elles sont toujours très proches l'une de l'autre. «Il est bon d'avoir une amie de longue date. Nous sommes parfaitement à l'aise ensemble et ne nous inquiétons pas de ce que nous allons dire ou faire. Je crois que nous serons amies pendant très longtemps.»

Si, à cet âge, la plupart des amis sont de même sexe, il arrive que des jeunes éprouvent une amitié profonde pour une personne de sexe opposé. «Mon fils Cédric, qui a maintenant 12 ans, a une fille comme meilleure amie depuis son plus jeune âge, explique Sylviane Roy. Ce sont deux enfants créatifs, à l'imagination fertile et ils ont toujours très bien joué ensemble.»

D'autres enfants m'ont affirmé qu'en amitié, le sexe ne fait aucune différence. «Un garçon compte parmi mes meilleurs amis depuis que nous sommes tout petits, dit Josiane. Nous nous invitons toujours l'un l'autre lorsque nous faisons des fêtes. Les garçons qui sont mes amis me traitent comme si j'étais un garçon. Leurs jeux sont rudes, et ils me plaquent, mais c'est très bien comme ça.»

«Ma meilleure amie est une fille; non, elle n'est pas ma petite amie, dit Jean-Sébastien. Elle est vraiment une amie, comme le sont Jérémie et Mathieu.»

Et que conseillent ces jeunes aux enfants qui veulent se faire de nouveaux amis? Selon Josiane, «il n'y a qu'à faire un pas pour aller parler à quelqu'un. Sois son ami, parle avec lui et propose-lui de faire des choses avec toi.»

Gabriel pense que les parents peuvent aider, eux aussi. «Les amis de la famille peuvent devenir nos meilleurs amis. Si nos parents apprécient les parents de l'autre enfant, nous risquons fort d'apprécier le jeune nous aussi. Accompagner nos parents lorsqu'ils rendent visite à d'autres personnes est un bon moyen de se faire de nouveaux amis.»

Bien qu'ils apprécient un certain avis de leurs parents en ce qui concerne le choix de leurs amis («Les enfants ne doivent pas oublier que leurs parents se soucient d'eux et veulent les voir heureux», dit Gabriel), les jeunes ne tiennent pas à ce que leurs parents s'en mêlent trop. «Je choisis de bons amis, assure Jean-Sébastien. Mais on commet parfois des erreurs lorsqu'on rencontre des gens. Et c'est comme ça qu'on apprend!»

Les filles et les garçons se lient d'amitié

Il est vrai qu'une amitié entre une fille et un garçon peut se développer dans ce groupe d'âge, surtout parmi les «vieux amis» qui se connaissent de longue date. Il arrive que des préadolescents aient des aventures amoureuses. Mais la plupart des grandes amitiés entre préados se forment entre des jeunes de même âge et de même sexe, parfois très rigoureusement. Tandis que des exceptions à la règle surviennent, on observe néanmoins généralement des différences dans les styles sociaux des garçons et ceux des filles.

- Les garçons ont tendance à agir en groupe (plus il y a de gars, plus on s'amuse). Les sports informels et les jeux actifs sont toujours populaires dans la cour de l'école. Après l'école, la plupart des garçons aiment partager une activité concrète, un jeu informatique ou faire du patin à roues alignées, par exemple. Les préados ont souvent un groupe d'amis très fluide où il n'y a aucune préférence pour quelqu'un en particulier. Si Frédéric ne peut pas venir au cinéma ou dormir à la maison, Renaud fera tout aussi bien l'affaire. Et c'est encore mieux si les deux peuvent venir!

- Les filles ont plus tendance à avoir une «meilleure amie» avec qui elles passeront la majorité de leur temps. (Même si cette amie «préférée» peut changer souvent.) Elles se regroupent habituellement par deux ou par trois dans la cour d'école et passent la plupart du temps à «parler» ensemble plutôt qu'à jouer activement. Les parents remarquent plus de chamailleries et de peine chez les filles, ce qui est peut-être le reflet d'une amitié plus intime et plus exigeante.

- Plus tard chez les préadolescents, la dynamique change et on commence à voir poindre des groupes mixtes. À la récréation, les jeux actifs sont mis de côté; on préfère un groupe où l'on discute et se taquine les uns les autres. Les activités des groupes mixtes comme les danses, les fêtes, les sorties au cinéma font maintenant partie de la vie sociale des jeunes, et des couples commencent à se former. Mais à travers tout ça, les amis de même sexe et les «meilleurs amis» demeurent toujours très importants.

Apprendre à développer des relations d'amitié

Comme beaucoup d'experts, Mary Manz Simon, auteure de *52 façons d'élever des enfants sans se surmener* (Un Monde Différent, 1997), prévient qu'il est préférable de ne pas trop se mêler des hauts et des bas qui surviennent chaque jour dans les amitiés de nos enfants. Mais elle souligne que si les parents aident leurs enfants à socialiser, ceux-ci auront plus de chance d'avoir des amitiés satisfaisantes.

Comment pouvons-nous leur enseigner à socialiser? Mary Manz Simon suggère que c'est en grande partie en leur fournissant des occasions de rencontrer des personnes de tous âges.

D'après elle, garder de jeunes cousins, parler avec un voisin, rendre visite aux grands-parents ou rencontrer votre collègue de travail sont autant d'occasions qui permettent à un jeune d'augmenter son expérience sociale et de «rehausser sa confiance en soi tandis qu'il développe des relations d'amitié avec ces gens qui lui sont si importants, ses pairs». Les enfants timides peuvent avoir besoin d'une aide plus directe de la part des adultes, peut-être en faisant des jeux de rôle pour savoir quoi dire au téléphone ou en trouvant une activité qui aide à diminuer la tension qui peut exister lors d'une première rencontre avec un ami.

Les problèmes entre amis

Mélanie, 10 ans, prépare sa fête d'anniversaire et est en larmes. Pourquoi? Elle devrait inviter une de ses bonnes amies du quartier, mais celle-ci ne correspond pas au groupe d'amies que Mélanie s'est constitué à l'école. «Elle ne s'est jamais préoccupée de ce genre de choses auparavant, se contentant d'inviter qui elle voulait, explique sa mère. Cette année, elle se ronge les sangs. La fête sera un fiasco, son amie ne s'y sentira pas à son aise. Elle ne l'a pas dit ni admis tout de suite, mais, selon moi, elle craint surtout que ses camarades d'école soient déçues à cause de son amitié pour cette autre fille.»

Le dilemme de Mélanie n'est pas inhabituel, explique Sue Benjafield, consultante et instructrice auprès des parents de préadolescents et d'adolescents au Toronto Board of Education. «Il est courant que des enfants de cet âge aient différents groupes d'amis formés en fonction de buts ou d'intérêts et qui, généralement, ne se mêlent pas les uns aux autres: amis du cours de gymnastique, camarades d'école, copains de quartier.» De plus, ajoute-t-elle, si les groupes d'amis sont moins définis et plus souples qu'ils ne le seront pendant l'adolescence, «ils sont parfois relativement fermés. Les filles, en particulier, peuvent être assez possessives envers leurs amies.»

Pendant la préadolescence, les enjeux sociaux sont nettement plus marqués. «L'amitié revêt une plus grande importance au fur et à mesure que les enfants commencent à
s'éloigner de la sécurité de leur foyer et essaient d'accroître
leur autonomie. Leurs amis constituent un groupe de soutien qui leur procure un sentiment d'appartenance.»

L'importance de faire partie d'un groupe (quand bien
même ce groupe ne compterait que deux membres) engendre de nouvelles tensions: il faut *ressembler* à ses amis et
agir comme eux. Le jeune de 10 ans, qui coiffe rarement ses
cheveux et enfile le premier vêtement venu, se préoccupe, à
11 ans, d'une mèche de cheveux rebelle et, à la boutique, re-
jette des tee-shirts l'un après l'autre pour des raisons trop
obscures à comprendre pour un adulte. «Mon fils Martin,
âgé de 10 ans, commence à être soumis aux tensions sociales, fait remarquer son père. Je l'ai amené s'acheter de
nouvelles chaussures de sport. Il lui fallait des Nike, et rien
d'autre. Chaque matin, il met du gel dans ses cheveux. Son
groupe d'amis est maintenant principalement composé de
garçons, mais certains d'entre eux sortent avec des filles. Je
crois qu'il commence à se demander s'il ne "devrait" pas lui
aussi avoir une petite amie.»

À titre de parents, nous voulons soutenir les amitiés de
nos enfants. Nous accueillons leurs amis à la maison, jouons
les chauffeurs, encourageons leur participation aux activités
sportives, aux cours de musique et aux louveteaux, par
exemple. Lorsque surgissent les problèmes, nous nous demandons cependant jusqu'à quel point nous devons ou pouvons avoir une influence sur leur vie sociale. «Les enfants
ont le plus souvent besoin de faire leur propre tri. Mais les
parents doivent reconnaître combien les amis sont importants pour leurs enfants et comprendre la difficulté que présente ce processus. Nous pouvons, sans trop les diriger ni

trop intervenir, soutenir nos enfants en leur offrant une écoute active et en les aidant à développer leurs propres stratégies pour se sortir de situations délicates.»

Refuser une amitié indésirable est une aptitude sociale que même les adultes trouvent difficile. Il n'est donc pas surprenant que les jeunes fassent parfois preuve de peu de diplomatie à ce sujet. «Les groupes d'amis peuvent utiliser les provocations et les insultes pour renforcer leurs frontières et exclure d'autres jeunes», admet Sue Benjafield. Vous pouvez prendre position sur ce type de cruauté en réitérant les valeurs de base toujours véhiculées dans la famille et expliquer: «Personne ne t'oblige à être l'ami de Sylvain si tu ne le veux pas. Mais tu as tort d'être méchant avec lui. *Tout le monde* a droit au respect.»

Lorsqu'un enfant subit ce type de rejet, ses parents en souffrent eux aussi. Anne Gagnon, mère de trois enfants, se souvient: «Pendant trois ans, ma fille, Rachel, a eu une grande amie avec qui elle passait la majeure partie de son temps. Une autre fille est arrivée dans le décor. Celle-ci s'est mise à déblatérer contre Rachel, qui a alors perdu sa meilleure amie. Je croyais vraiment que Rachel et son amie seraient inséparables pour la vie. Je n'étais tout simplement pas préparée à ce genre de méchanceté et de malveillance.»

Bien qu'essentielle au développement de l'enfant, il est vrai que l'influence de ses pairs n'est pas toujours positive. L'un des plus grands dilemmes pour les parents consiste à se demander quoi faire (dans la mesure où il y a effectivement matière à agir) lorsqu'ils ne se sentent pas à l'aise avec les amis que choisit leur enfant.

La fille de Élyse Berger, Virginie, âgée de 9 ans, préfère passer son temps avec une amie proche. Cette année toutefois, plusieurs de ses «meilleures amies» ont changé d'école, laissant Virginie seule. «Ç'a été très difficile pour elle, affirme sa mère. Elle s'est fait une nouvelle amie qui est en quatrième année, et cette amitié *me* pose un problème. Cette fille de 10 ans en paraît 16, alors que Virginie n'est encore qu'une enfant. Je constate que certaines de leurs conversations déconcertent ma fille qui est initiée à des choses qui ne sont pas du tout de son âge.»

Bien sûr, nous n'aimons pas nécessairement tous les amis de notre enfant. Mais le problème est bien différent lorsque les activités d'un ami ou sa situation familiale nous inquiètent réellement. Mary Manz Simon, auteure de *52 façons d'élever des enfants sans se surmener*, souligne que les parents doivent parfois intervenir afin d'assurer la sécurité ou le bien-être d'un enfant. Faites tout d'abord une évaluation réaliste des risques, de même que de la maturité et du jugement de votre enfant. Cherchez ensuite des solutions qui respectent les amitiés de votre enfant.

«Virginie a récemment invité sa nouvelle amie à dormir à la maison, explique sa mère. Il était entendu que nous la ramenions chez elle le lendemain. Lorsque nous sommes arrivés chez elle, il n'y avait personne et pas un mot indiquant où se trouvait sa mère. J'ai eu l'impression que cette situation n'était pas inhabituelle. Plus tard, j'ai dit à Virginie: "Chloé semble avoir le droit de rester seule chez elle, contrairement à toi. Si vous voulez être ensemble pendant la fin de semaine, je préfère donc que tu l'invites chez nous."»

Pour la mère de Mélanie, le problème résidait dans le comportement de sa propre fille, mais elle s'interrogeait (dois-je m'en mêler et, si oui, comment?). «Je comprenais l'inquiétude de Mélanie à propos de la fête, mais je ne pouvais tolérer qu'elle blesse l'amour-propre d'une bonne amie. Nous en avons discuté longuement au cours des jours suivants, nous débattant avec cette situation. Je l'ai secouée un peu, lui faisant valoir qu'il est très bien de faire partie d'un groupe, mais qu'il est aussi important de s'en tenir à ce qui est juste. Mélanie a finalement décidé que, outre son *party*, elle fêterait son anniversaire d'une façon différente avec son amie. Elles ont donc mangé chez McDonald's, puis sont allées toutes les deux au cinéma. Ça nous a coûté un peu plus cher, mais cette solution m'a paru raisonnable.»

À l'approche de l'adolescence, les relations sociales se modifient. Les enfants mûrissent à un rythme différent, leurs intérêts changent, ils passent à l'école secondaire. Cela ne se fait pas sans heurts ni pertes, mais ils découvriront aussi de nouveaux plaisirs et intérêts au fur et à mesure qu'évolueront leurs relations amicales. Vous ne pouvez plus, comme c'était le cas avant, leur donner un petit bisou pour les consoler, pas plus que vous ne pouvez choisir leurs amis. Mais votre soutien est toujours important. Tout comme le sont les clés de votre voiture.

Faire face au taxage

Il est difficile de dire ce qui est le plus douloureux: avoir un enfant qui est victime de taxage ou découvrir que votre propre enfant taxe les autres enfants.

D'une façon ou de l'autre, de plus en plus d'experts préviennent que la pire chose que les adultes puissent faire, c'est de fermer les yeux et d'espérer que les enfants feront face tout seuls à la situation. Le taxage peut durer pendant des années sans l'intervention des adultes, et les représailles que les enfants craignent, s'ils bavardent ou dénoncent quelqu'un, surviennent rarement si les adultes impliqués prennent le problème au sérieux.

Que devriez-vous faire si votre enfant vous dit qu'il est

victime de taxage? Si la situation n'est pas grave, vous serez peut-être capable d'inculquer à votre enfant un comportement ferme qui pourrait désamorcer la situation (se venger n'est généralement pas une bonne stratégie et peut, dans certains cas, empirer la situation). Mais si votre enfant est incapable de faire face au problème tout seul, ou s'il est en danger, demandez l'intervention de l'école. De nos jours, la plupart des écoles prennent très au sérieux toute violence qui survient sur leur terrain et beaucoup ont mis en place des programmes ou des protocoles pour remédier à de tels incidents. Votre enfant sera peut-être plus ouvert à une telle intervention. Si vous le sécurisez en lui promettant de ne pas dévoiler son identité (par exemple, on peut dire à la personne qui intimide les autres: «Plusieurs enfants nous ont dit que...»).

Pour avoir de précieux conseils sur les façons d'aider les jeunes aux prises avec le taxage, consultez *Votre enfant est-il victime d'intimidation? Guide à l'usage des parents* de Sarah Lawson (Éditions de l'Homme, 1996).

Taquineries, insultes et provocation

«Hé! p'tite tête, sors de cette salle de bains. Que fais-tu là-dedans, de toute manière? Tu comptes tes boutons? Tu en as pour la journée!»

– «Je dois terminer ma toilette avant de te laisser empester la pièce.»

Il ne s'agit là que d'un autre échange amical entre mes deux fils, Daniel, 15 ans, et son frère Jeremy, 12 ans, pendant leur course matinale pour se préparer à partir à l'école. Bien que ce genre de discussion puisse être difficile à supporter pour les parents, je peux dire, d'après leur ton, que cet échange d'insultes plaît nettement à mes garçons.

«Les insultes et les plaisanteries prétentieuses peuvent constituer un moyen de communication pour les préadolescents et les adolescents. C'est, je crois, une manière inoffensive de rire de soi», ajoute Denise Provost, dont les fils Charles et Sébastien sont respectivement âgés de 14 et 13 ans.

Ses deux fils font partie d'une équipe de hockey, sport où la provocation et les insultes sont plus que courantes, remarque Denise. «Si un joueur commet une erreur, les autres le mettent littéralement en boîte, mais ils insultent tout autant celui qui a marqué le but vainqueur.»

Selon elle, à cet âge, la provocation et les plaisanteries sont souvent une marque d'affection. «Ils ne le font pas qu'à leurs bons amis: les garçons taquinent aussi les filles qu'ils apprécient.»

Serge, le mari de Nathalie Marceau, aime bien blaguer avec les enfants. «Il les fait marcher en leur disant le contraire de ce qu'il pense, et j'ai constaté que notre fils de 9 ans, Hugo, le taquine déjà en retour de la même façon.» Si les taquineries de Serge sont amusantes, Nathalie a cependant des souvenirs d'enfance moins plaisants.

«J'étais la cadette de trois enfants, explique-t-elle. Les deux autres s'unissaient pour me torturer tout au long de mon enfance. Ma mère me disait simplement de ne pas pleurer pour ne pas être taquinée encore plus.» Résultat, Nathalie essaie généralement d'intervenir dès qu'elle entend ses enfants se taquiner ou s'insulter l'un l'autre. «Je leur rappelle que leurs mots peuvent blesser.»

Johanne Perreau a, elle aussi, de mauvais souvenirs à ce propos. «Ça ne m'a jamais paru amusant. La plupart des taquineries portaient sur mon apparence, car j'étais plutôt ronde. Les commentaires me blessaient vraiment. Je réagissais en traitant les autres de tous les noms, et les insultes fusaient de toutes parts. Une fois de retour à la maison, je pleurais.»

Comment un parent peut-il faire la distinction entre les taquineries inoffensives dont parle Denise et les railleries dont a souffert Johanne? Marie Haldane, conseillère auprès des parents pour Information Children (Burnaby, Colombie-Britannique) explique: «Il peut être difficile de relever une taquinerie ou d'y répondre, car elle constitue souvent une attaque indirecte; de la mesquinerie enrobée d'humour.» Si un parent surprend un enfant en train de taquiner de manière blessante, ce dernier lui répondra sans doute: «C'était seulement pour rire!»

Marie Haldane souligne qu'entre bons amis, frères et

sœurs, la taquinerie se fait à double sens et constitue un échange facile qui reflète souvent leur confiance dans la relation. Tout comme mes fils, les jeunes se taquinent précisément parce que chacun sait que l'autre comprendra. Toutefois, pour un enfant plus sensible, un enfant qui éprouve déjà des problèmes d'ordre émotif ou qui se fait railler ou insulter inlassablement, la taquinerie peut facilement devenir blessante. Marie Haldane suggère donc aux parents et aux enfants d'essayer de l'éviter. «Cette façon de communiquer peut aisément devenir une habitude, et nous considérons que les familles doivent développer des modes de communication plus respectueux.»

Johanne pense que la taquinerie est un problème plus fréquent à l'école qu'à la maison. «Un jour, alors qu'Adrien avait 9 ans, un groupe d'enfants s'en est pris à un garçon qui venait d'Haïti. Cette attitude avait, selon moi, un caractère raciste, et c'est le genre de chose à laquelle nous devons rapidement mettre fin.»

À cet âge, comme le souligne Adrien, «l'important est de faire partie du groupe. Les insultes amusantes et les plaisanteries au sein du groupe rapprochent les membres les uns des autres; les méchancetés sont réservées à ceux qui n'en font pas partie».

Nathalie McNulty s'inquiète également de la manière dont les écoles traitent ce type de taquineries. «Lorsque j'étais bénévole à l'école, j'ai remarqué que les enseignants avaient tendance à considérer la taquinerie et la raillerie entre filles comme un phénomène sans importance, mais qu'ils réprimandaient ou punissaient immédiatement les garçons qui s'y adonnaient entre eux. Ce qui m'inquiète aussi, c'est qu'en disant aux enfants de ne pas réagir aux railleries qui les blessent, on leur apprend à cacher leurs sentiments. Et ça, je ne suis pas sûre que ce soit une très bonne chose.»

Marie Haldane considère plus constructif de suggérer à nos préadolescents de réagir aux railleries mesquines par une phrase du type: «Je ne trouve pas ça amusant du tout.» Cela suffira parfois à couper l'herbe sous le pied des railleurs.

Taquinerie, raillerie et insultes continuent de faire partie de la vie sociale de la plupart des préadolescents; certains sont même passés maîtres dans cet art. Mais la ligne entre la taquinerie amusante et la raillerie blessante est très mince, et les parents doivent intervenir de temps à autre pour s'assurer que les enfants ne dépassent pas les bornes.

La taquinerie, les frères et les sœurs

La taquinerie entre amis, sur un pied d'égalité, tend à être plutôt d'un bon naturel et il n'y a aucune raison que ce soit différent entre frères et sœurs. Mais bien souvent, surtout s'il y a une grande différence d'âge, la taquinerie peut devenir, pour un plus vieux, une façon horrible d'abuser d'un plus jeune qui est particulièrement sensible.

«À 12 ans, Suzanne se dirige vers la puberté, et elle est devenue très mordante et critique envers tout le monde, soupire sa mère. Éliane, sa sœur de 7 ans, est blessée par ses critiques. Elle n'a pas le recul nécessaire pour ne pas s'en occuper et dire: "Oh! elle est dans ses mauvais jours, en ce moment." Elle se sent visée.»

Votre préadolescent peut ne pas vouloir écouter lorsque vous lui expliquez que le genre de taquinerie qui est approuvé, ou tout au moins accepté, parmi ses amis, ne convient pas à un plus jeune. Mais c'est tout de même un message qu'il doit entendre. Rire ensemble d'une plaisanterie est une chose; s'amuser à offenser l'autre, c'est bien différent. Même si vous ne pouvez pas entièrement empêcher la raillerie (et vous ne pourrez probablement pas le faire), les deux enfants devraient savoir que vous trouvez l'emploi de «paroles insultantes» inacceptable.

Le plus jeune est-il toujours la victime? Voyez tout ce qui peut toucher la sensibilité d'un adolescent: les seins, les boutons, la pilosité du corps, les premières amours. Un jeune de 8 ans qui n'a pas la langue dans sa poche a de quoi blesser l'amour-propre du nouvel adolescent peu sûr de lui. De nouveau, une bonne façon de mesurer la raillerie, c'est de tenir compte de son effet sur la «victime». Si ça fait mal, ce n'est pas correct.

Aider les enfants à faire face à la raillerie

Pour certains enfants, la raillerie est un gros problème. Il s'agit peut-être d'enfants sensibles qui peuvent être plus facilement blessés par les coups «normaux» de leur groupe d'âge, ou encore des enfants qui subissent des railleries cruelles à cause de leur poids, de leur race, ou d'autres différences. Voici quelques conseils pour les aider:

- N'ajoutez pas l'insulte à la blessure. N'essayez pas «d'endurcir votre enfant» en le taquinant aussi à la maison ou en ayant l'air de prendre le parti de ceux qui le tourmentent («Si tu t'exerces un peu plus à la maison, ils ne te traiteront plus de cette manière»). Son foyer doit être un refuge pour lui, et vous, son allié.
- Écoutez et acceptez ses sentiments. Les sentiments des enfants peuvent être très profonds et intenses, et ils ne peuvent pas les rationaliser comme le font souvent les adultes. Évitez les phrases du type: «Ça ne peut pas être

aussi terrible» ou «Tu ne devrais pas te sentir comme ça».
Votre enfant ne pourra pas résoudre ses problèmes s'il est
rempli de rage étouffée.

Comment votre enfant devrait-il réagir à la taquinerie? La
chose doit d'abord lui sembler réalisable. Réfléchissez-y ensemble. Demandez-lui comment, selon lui, il pourrait traiter le problème la prochaine fois. Certaines solutions se
sont révélées efficaces pour d'autres enfants:

- En l'ignorant. Cette méthode a souvent fait ses preuves,
  mais votre enfant doit savoir que ça peut prendre du
  temps et que les taquineries peuvent même être pires au
  début, car les autres enfants voudront évaluer sa détermi-
  nation. Il est de plus *difficile* d'ignorer la taquinerie.
  Compter en silence, s'éloigner des railleurs, changer de
  sujet, se concentrer et respirer lentement ou faire un exercice physique pour détendre ses muscles peut faciliter la
  chose.

- En leur disant d'arrêter. Cela peut être très efficace si le
  railleur est un ami malavisé. «Ça me rend triste et je ne
  veux plus jamais t'entendre dire ça, d'accord?» Cette méthode risque d'être nettement moins efficace en terrain
  hostile, mais les enfants se sentent souvent mieux du
  simple fait d'avoir pu le dire. Apprenez à votre enfant à
  s'efforcer de rester calme et ferme plutôt que furieux et
  désespéré.

- En la retournant avec humour. Cela suppose avoir la
  langue bien pendue et l'esprit vif, mais l'humour est souvent bien accepté par les autres enfants. Une mise en
  garde, toutefois: certains jeunes adoptent un humour où
  ils se déprécient comme tactique de survie («Je m'insul-
  terai moi-même avant qu'un autre puisse le faire»), ce qui
  mine leur estime de soi. L'humour porte lorsqu'il ne
  blesse personne, y compris l'enfant qui en fait usage.

Qui invites-tu?
les soirées mixtes

Vers le milieu de l'année scolaire, Mathieu et Daniel se sont mis à parler de *parties*. «On avait l'habitude de faire du patin à roues alignées, de jouer au soccer ou de jouer à simuler des batailles. Maintenant, on écoute de la musique ou on regarde un film. On est plutôt tranquilles», dit Mathieu en souriant.

Un autre changement majeur s'est également produit. Il y avait des filles et des garçons dans les dernières fêtes auxquelles ils sont allés. Ce changement a fait hausser les sourcils à plusieurs parents, d'autant qu'à peine quelques mois plus tôt, les filles dans la classe de Mathieu et de Daniel ne se seraient jamais *assises* près d'un garçon.

«Au début de l'année, toutes les filles nous détestaient littéralement, dit Daniel. Notre professeur a annulé un voyage de camping de deux jours et d'une nuit, parce que nous aurions passé notre temps à nous disputer. Maintenant, toutes les filles invitent des garçons à leur fête d'anniversaire. Tout le monde est invité.»

«De nos jours, ce changement se produit vers l'âge de 12 ans», confirme Mary Gordon, administratrice des programmes parentaux du Toronto Board of Education. «Tout dépend de la dynamique de la classe.»

Il faut l'admettre, ces fêtes soudainement plus «mûres»

ont de quoi déconcerter. «Ça rend les parents nerveux, dit Mary Gordon. Plusieurs voient soudain pour la première fois leur enfant comme un être doté d'un sexe. Ils se demandent ce que cela signifie et jusqu'à quel point les jeunes doivent être surveillés.»

Mais tandis que les parents imaginent le jour où leurs enfants se bécoteront dans un coin (ce qui, en réalité, ne saurait plus beaucoup tarder), Mary Gordon les rassure en soulignant que, pendant ces *parties* de préadolescents, «les jeunes n'ont rien de sérieux en tête. Ces fêtes ont un caractère relativement innocent».

Lorsque nos enfants atteignent cette étape où ils veulent un *party* mixte, elle nous encourage à foncer et à l'organiser. Et même à inviter toute la classe si vous disposez de suffisamment d'espace. «C'est plus facile pour l'enfant. En invitant tout le monde, il n'a pas à dire clairement quelle fille ou quel garçon il préfère. C'est aussi une excellente occasion pour ses parents de rencontrer ses camarades de classe et leurs parents. Ces occasions ne se présentent plus lorsque les enfants entrent à l'école secondaire ou au cégep.»

La fille de Sylvie Couture, Michèle, 12 ans, a récemment invité 15 élèves de sa classe à sa fête d'anniversaire. «Elle voulait une fête d'adultes, dit sa mère. Elle m'a demandé ce que font des adultes dans de telles occasions.»

Mary Gordon souligne que les règles concernant les fêtes changent à cet âge, et elle donne quelques conseils pour que les choses se passent sans heurt:

Évitez tout ce qui paraît trop jeune. «Maintenant, ils veulent une soirée, et surtout pas de gâteau décoré ni de pochettes-surprises. Un petit cadeau amusant remis à chaque invité est plus approprié.»

Surveillez avec discrétion. «Vous devez établir certaines règles de base dès le début, dit Mary Gordon. Les enfants ne veulent généralement plus voir leurs parents participer. Indiquez clairement que vous *serez là* et que vous aurez un œil sur tout; mais essayez de ne pas trop vous faire remarquer.»

Prévoyez une activité ou deux, au cas où. «Les jeunes peuvent se sentir quelque peu gênés lors de ces premières soirées mixtes. Une chasse au trésor à l'extérieur ou un jeu de société peut parfois alléger l'atmosphère, dit Mary Gordon. Nous avons eu un jour l'autorisation de faire un feu de camp dans un parc du quartier; ce fut un grand succès.» Même un film peut aider à faire passer un moment délicat. Daniel se souvient de la première soirée mixte organisée par un garçon à laquelle il est allé. «Une fille s'est présentée avant toutes ses amies; elle est restée assise dans un coin, embarrassée, jusqu'à ce que les autres arrivent.» Sylvie Couture souligne l'importance de prévoir des solutions de rechange. «Tous ne veulent pas nécessairement faire la même chose. À la fête de Michèle, presque tous les enfants ont regardé un film; comme trois d'entre eux le trouvaient trop effrayant, ils ont joué aux cartes.»

Une fois que les soirées mixtes sont devenues la norme dans un groupe d'enfants, les parents qui appréhendent ces fêtes (c'est le cas de plusieurs) se trouvent dans une situation difficile. «Tous les autres y vont!» est le cri de guerre des jeunes et, en qualité de parents, nous devons nous en tenir à notre bon jugement. Seulement, empêcher les enfants de socialiser avec leurs pairs n'est pas une décision à prendre à la légère. Il est raisonnable – et judicieux – d'insister sur les mesures élémentaires de sécurité, telles que la surveillance des parents; mais avant d'interdire à votre enfant de participer à une soirée mixte ou d'en organiser une, vous devriez peut-être vous rappeler l'expérience d'Hélène Fournier, mère d'André, 12 ans:

«J'étais en quatrième année lorsque j'ai été invitée pour la première fois à un *party* mixte – et j'étais la seule à ne pas pouvoir y aller. J'ai caché ma jupe dans mon gant de base-ball, j'ai dit à mes parents que j'allais jouer à la balle avec des amies, au parc, et je suis allée à la fête. Le lendemain, cependant, je me sentais si coupable à ce propos que j'ai avoué la vérité à mes parents. Je m'attendais sans doute à ce qu'ils me disent: "Nous te remercions d'être honnête envers nous" et à ce qu'ils négocient quelque chose. Mais non. Ils se sont fâchés et j'ai eu de gros ennuis. Vous savez, je me souviens nettement d'avoir pensé: "C'est bien la dernière fois que je vous dis quelque chose." Et c'est exactement ce qui s'est produit!»

«Maintenant qu'André est sur le point d'entrer dans l'adolescence, je repense à cette expérience. Je veux qu'il se sente à l'aise de me parler et je pense que ces premiers pas vers de nouvelles relations sociales sont très importants.»

Il n'y a rien de mal à socialiser avec des personnes du sexe opposé, et les activités mixtes d'un groupe n'ont rien à voir avec des rendez-vous amoureux. Les parents de garçons apprécieront peut-être particulièrement l'effet que les filles peuvent apporter à une rencontre, soit une attitude plus «civilisée» chez les garçons. «L'amitié est l'un des plus grands plaisirs de la vie, souligne Mary Gordon. Voilà une magnifique occasion de la favoriser.» Daniel dépeint la chose de manière plus terre à terre: «Ça n'est pas la mer à boire et ça vaut mieux que de se détester, n'est-ce pas?»

trucs & conseils

Vous venez chez moi et vous restez à coucher

Les soirées où on reste ensuite à coucher chez les amis (de même sexe, bien sûr) sont extrêmement populaires chez les préadolescents. Non pas pour dormir, bien entendu. Même les plus jeunes de ce groupe d'âge, si la dynamique s'y prête, peuvent rester debout beaucoup plus longtemps que tout parent ne le voudrait! Les parents qui ont l'expérience de telles soirées prétendent qu'il est possible de le faire, sans que vous ayez à vous sacrifier et en vous octroyant quelques heures de sommeil. Voici quelques conseils venant des tranchées:

- Prévoyez plein de choses à faire. «Il vous faut beaucoup de choses pour les occuper», raconte Claire Foulon, mère de trois enfants, de 9 à 15 ans. «Une même activité ne plaira pas à tous et c'est le jeune qui ne participe pas qui sera dissipé.» Nancy Côté, mère de trois filles, a organisé, coup sur coup, trois fêtes d'anniversaire où les jeunes restaient à coucher. Elle a donc l'habitude: «Un de mes amis fabrique des ensembles d'artisanat. J'en ai acheté un pour chaque fille. Nous avions différents jeux et beaucoup de vêtements pour se déguiser. J'avais prévu une excellente vidéocassette et une plus ennuyeuse pour le coucher. La dernière fois, au lieu d'offrir à chaque invitée un sac de bonbons, nous leur avons acheté chacune un magazine, et ça les a préparées pour la nuit.»

- Établissez clairement vos limites pour l'heure du coucher. Ils ne dormiront probablement pas avant vingt et une heure, vingt-deux et même vingt-trois heures, mais ils n'ont pas besoin de rester debout toute la nuit non plus.

Les enfants respectent habituellement les limites lorsqu'elles sont raisonnables et fermement établies. «Nous éteignons les lumières à minuit, précise Nancy et vers une heure une heure et demie du matin, ils dorment presque tous. Et quiconque reste éveillé est suffisamment tranquille pour ne pas nous déranger!» Si vous voulez que les jeunes soient disposés à dormir, il vaut la peine de superviser un peu. Un garçon de 10 ans n'admettra pas qu'un film d'horreur lui fasse peur. En fait, il voudra le voir à tout prix, mais il est fort probable qu'il se défoule par des jeux rudes et bruyants avant qu'il puisse envisager d'aller se coucher. Organiser une activité tranquille avant d'aller dormir pourra faciliter les choses.

• Attendez-vous à ce qu'il y ait beaucoup de désordre, mais vous n'avez pas à faire tout le rangement. «Au départ, réservez aux jeunes une pièce qu'ils pourront mettre sens dessus dessous», conseille Nancy. Et elle ne blague qu'à moitié! Autant d'enfants, tous plus excités les uns que les autres, restant chez vous si longtemps, ne peuvent faire autrement que de laisser beaucoup de traces derrière eux. Chez les Foulon, une des conditions permettant aux enfants de rester à coucher, c'est que le lendemain, tout le monde participe au ménage.

• Prévoyez une journée de repos. Vous serez tous fatigués le lendemain. Évitez une journée éprouvante comportant un entraînement de hockey, un récital de piano ou une invitation à souper!

Un autre personnage
le «nerd»

Les ordinateurs, les bandes dessinées, manger, dormir. «C'est toute ma vie», explique Colin, 12 ans, qui se dépeint lui-même comme un «nerd». Cette vie semble-t-elle monotone, sans intérêt? Pas si vous saisissez l'étendue et l'intensité intransigeante des deux passions actuelles du garçon.

«Colin ne considère pas les bandes dessinées comme le font les enfants, mais à la manière de collectionneurs ou de critiques d'art adultes, explique sa mère, Charlotte. Ses BD ne constituent pas un simple divertissement pour lui. Elles font l'objet d'une étude sérieuse. Il a suivi l'évolution de plusieurs anciens superhéros; il s'intéresse à certains dessinateurs et auteurs en particulier. Sa chambre est un fouillis total, ses devoirs sont bâclés, mais sa collection de BD est impeccable.»

De nombreux enfants apprécient les ordinateurs et les bandes dessinées, mais l'intérêt de Colin va bien au-delà de celui de ses pairs. «Il ne suit pas du tout le courant général. Il établit donc rarement des liens à ce propos avec un autre jeune», ajoute sa mère.

Mais qu'est-ce au juste qu'un «nerd»? Comme toutes les étiquettes sociales, le mot fait l'objet de diverses interprétations. Posez la question autour de vous, et une définition commune apparaîtra: un intérêt profond, tenant parfois de l'obsession, émanant d'une inclination à caractère intellectuel ou technologique et un mépris (conscient ou non) des conventions et tensions sociales auxquelles se soumettent la plupart des préadolescents.

«Ils vivent dans un autre monde», explique mon propre fils de 12 ans.

«Te déplaisent-ils?» lui ai-je demandé en me souvenant, avec une certaine culpabilité, d'une fille de cinquième, véritable madame je-sais-tout en géologie, et que nous évitions tous scrupuleusement.

«Non, pas nécessairement, me répond-il. Prends mon ami Jeremy, par exemple, qui vient tous les jours à l'école la poche de sa veste bourrée de crayons. Il connaît par cœur des passages du *Seigneur des anneaux* et m'a déjà envoyé deux pages d'instructions par télécopieur pour m'aider à corriger des problèmes d'ordinateur. C'est un "nerd", et je l'apprécie beaucoup.»

«Cette étiquette m'offusque», dit Wayne Campbell, ex-professeur de sciences et cofondateur, avec sa femme Carol, du Hila Science Camp, situé près de Pembroke, en Ontario. Il admet toutefois que le camp, avec son approche pratique et détaillée des sciences, attire de nombreux jeunes «qui semblent se tenir à l'écart pour quelque raison. Ils se laissent guider par leurs intérêts, quels qu'ils soient.»

Wayne Campbell trouve «tragique» que ces enfants soient aussi peu encouragés à miser sur leur talent. La culture des préadolescents, avec ses conceptions rigides de ce qui est super et de ce qui ne l'est pas, pousse les jeunes à s'assimiler à un groupe pour ne pas être rejetés. Le jeune «nerd» sera plus facilement raillé qu'admiré par ses pairs. «Il faut faire preuve de beaucoup de courage pour rejeter ces tensions», souligne-t-il.

Selon lui, la société au sens large du terme ne fait pas grand-chose pour soutenir ces jeunes. Il cite le cas d'un enfant de sa connaissance qui s'est classé deuxième lors d'une expo-sciences tenue à l'échelle nationale. «Il s'agit là d'une réussite plus qu'impressionnante et pourtant, il a été presque impossible de faire parler de cet enfant dans les journaux locaux. À peu près à la même époque, un garçon ayant décroché la troisième place dans un tournoi régional de lancer du poids a eu droit, en revanche, à tout un battage médiatique. C'est assez révélateur de nos valeurs.»

«Je crois qu'en leur qualité de modèles, les adultes sont très importants pour ces jeunes, dit Charlotte. Colin s'est inscrit à un camp en informatique où il a rencontré un homme qui a participé à la conception d'un logiciel innovateur. Cet homme est lui aussi un "nerd", mais ce "nerd" est fascinant et il a réussi. Il ne s'est pas intégré en prétendant ne pas être brillant; il a trouvé une place là où son talent a été valorisé. En agissant en qualité de mentor, un adulte peut devenir un modèle pour l'enfant et l'aider à envisager son avenir.»

«Les parents peuvent l'aider en lui fournissant de la documentation, en lui trouvant des activités et en le mettant en contact avec des personnes qui partagent, valorisent et prennent ses intérêts en considération, affirme Wayne Campbell. Un adulte œuvrant dans son domaine ou une activité pouvant illustrer à l'enfant le lien entre le travail que fait le jeune et ses applications possibles – qu'il s'agisse de jouer au sein d'un orchestre ou de concevoir des robots – peut constituer une expérience déterminante. Cet enfant veut accomplir quelque chose de concret.»

Bien que des activités spéciales puissent aider les jeunes à trouver des amis qui partagent les mêmes intérêts qu'eux, leur vie sociale à l'école relève plutôt du défi.

«Qu'est-ce qui distingue le jeune qui sort de l'ordinaire, mais est plutôt bien accepté à l'école de celui qui est rejeté ou persécuté? demande Charlotte d'un air songeur. Sa sociabilité sans doute, mais aussi une certaine part de chance (ou de malchance); cela dépend du degré de tolérance du milieu à l'égard de la diversité, pour le cas où il se heurterait à un enfant très populaire.»

Même lorsqu'ils sont bien accueillis, les «nerds» sont souvent trop individualistes pour appartenir à un groupe. «Colin est un enfant sociable, dit sa mère. Il a de bons amis. Mais ce sont tous des amis *individuels*. Ils ne forment pas un groupe. Et ça m'inquiète. Ils entreront bientôt au secondaire, et faire partie d'un cercle d'amis vous protège, en quelque sorte.»

Il est vrai que nous, parents, ne pouvons nous empêcher de vouloir protéger les vulnérabilités de nos enfants. Wayne Campbell nous rappelle cependant qu'en reconnaissant et en nourrissant leurs forces – dans le cas présent, un esprit passionné et une incroyable autodétermination –, nous pouvons aider nos enfants à briller. «Nous avons eu, au camp, un enfant strictement préoccupé par les voyages dans l'espace. Il est aujourd'hui diplômé universitaire et travaille en astronautique. Ces enfants sont les bâtisseurs de demain. Leurs efforts méritent la plus belle ovation de notre part.»

trucs & conseils

Créer des liens: l'amitié entre jeunes qui ont les mêmes intérêts

Ces jeunes ont besoin d'être soutenus dans leurs intérêts, mais ce qu'ils ont de mieux à faire pour développer de bonnes amitiés, c'est de créer des liens avec d'autres jeunes qui partagent leurs passions. Cela peut être aussi simple que de les inscrire à un cours d'informatique. Mais les enfants «nerds» ne sont pas toujours attirés par les activités de groupe, et dans les petites villes, l'éventail des activités offertes peut être assez limité. Cela peut donc demander beaucoup de recherche et d'essais avant de trouver ce qui convient. Voici quelques idées:

- Ajoutez une composante de groupe aux leçons individuelles: si votre jeune est un pianiste de talent, son professeur peut sans doute organiser des cours à plusieurs ou à deux.

- Recherchez des canaux informels. Qu'en est-il si votre enfant s'intéresse aux cartes à collectionner? Vous ne trouverez pas de cours là-dessus. Mais renseignez-vous; il existe peut-être des tournois le samedi après-midi à la boutique où l'on vend ces cartes, par exemple. (Eh oui, vous devrez peut-être assister à quelques-unes de ces rencontres au début, ou attendre votre enfant en coulisse, pour vous assurer qu'il est en lieu sûr et que cette activité lui convient.)

- Allez plus loin. Vous ne trouverez peut-être pas d'activité régulière intéressante. Mais peut-être un camp d'été spécialisé (il existe un vaste de choix de camps spécialisés, allant des sciences à l'art visuel) ou un congrès de Star Trek? Une semaine passée avec un ami avec qui il s'entend vraiment (surtout si, par la suite, ils peuvent communiquer par Internet ou par lettre) peut faire une grande différence pour l'enfant solitaire.

- Utilisez Internet. Oui, vous devez instaurer quelques règles de sécurité (voir «Bienvenue dans le Cyberespace», p. 157). C'est cependant un excellent moyen, pour les enfants ayant des intérêts particuliers, d'avoir accès à l'information, à la documentation, aux événements et aux gens qui partagent les mêmes intérêts dans le monde entier. Ce n'est pas une bonne façon de se trouver un ami intime (bien qu'il y existe des correspondants stables), mais cela procure un sens d'appartenance: «Tous ces gens aiment l'observation des oiseaux autant que moi!»

Les garçons «féminins», les filles «masculines»: qu'en est-il des genres?

À l'école élémentaire, Victoria, une athlète, passait la plupart des récréations à jouer au soccer ou au basketball avec les garçons. Ceux-ci l'acceptaient dans leur jeu, et les autres filles l'appréciaient beaucoup. Vers la sixième année, cependant, les choses ont commencé à devenir embarrassantes. Les garçons ne semblaient pas prendre au sérieux sa participation et blaguaient lorsqu'elle tentait de se joindre à eux. Ses copines lui disaient qu'elle ne devait pas être si enfant, ce qui semblait vouloir dire qu'elle devait passer les récréations en groupe, à discuter et à rire. Victoria avait l'impression de n'appartenir à aucun de ces groupes.

Plus personne ne s'inquiète des «garçons manqués», du moins pas avant la puberté. Mais il existe encore des pressions pour que les filles deviennent plus «féminines» en vieillissant et les amitiés peuvent être tendues lorsque les filles résistent à cette pression. Heureusement, ces dernières décennies, l'accent mis sur la possibilité, pour les filles et les femmes, de faire des choix plus vastes, a porté fruit. Bien des activités sportives permettent aux filles actives et dynamiques de se faire des amis et de relever des défis. Aujourd'hui, Victoria a 12 ans. Elle fait partie de deux équipes de hockey et a rencontré plusieurs filles qui lui ressemblent.

La vie peut être beaucoup plus difficile pour les garçons qui sont attirés par les activités «féminines». Les adultes sont beaucoup moins à l'aise avec ce trait de personnalité (et l'associent souvent à l'homosexualité), et les autres jeunes ne tardent pas à faire la même chose. «La répression sociale est beaucoup plus grande, confirme Alice Charach, psychiatre au Hincks Centre for Children's Mental Health, à Toronto. Ces garçons risquent de se faire taxer à l'école, à moins que l'école ait une culture qui accepte et tienne compte des différences.»

De nouveau, selon la culture de l'école et leurs intérêts spécifiques, les garçons qui ont plus d'affinités avec les filles peuvent être isolés vers le milieu de l'adolescence. Plus vieux, ils feront souvent partie d'un groupe musical, d'une troupe de théâtre ou s'occuperont du journal de l'école, des activités où l'on retrouve des jeunes des deux sexes et qui, somme toute, offrent un environnement social plus «normal» que celui d'un vestiaire.

Nos enfants sont qui ils sont et ils aiment ce qu'ils aiment. Notre travail n'est pas de changer cela (comme si nous le pouvions!), mais d'aider nos jeunes à découvrir leurs propres talents et joies, de les soutenir dans leurs choix, même si c'est parfois difficile. Nos préjugés contre les genres n'ont pas tous disparu, mais grâce à nos enfants, nous évoluons.

À l'approche de l'adolescence
se préparer à la puberté

Votre enfant de 9 ans pourrait être à des années de sa puberté ou être sur le point d'y entrer. Les experts tout comme les parents remarquent que la puberté semble plus fréquemment précoce aujourd'hui qu'elle ne l'était dans les générations précédentes. Il est donc important que votre enfant et vous y soyez préparés. En effet, même les enfants au développement plus tardif doivent comprendre les transformations que subissent leurs amis et savoir qu'une puberté plus tardive est, elle aussi, tout à fait normale.

L'adolescence, c'est bien entendu beaucoup plus que des transformations physiques. Au fur et à mesure qu'ils entrent dans l'adolescence, la plupart des jeunes développent une sensibilité émotive qui met parfois les relations familiales à rude épreuve. Imaginez un bambin avec un caractère difficile et vous aurez là un aspect de l'adolescence. Ajoutez à cela les tentations périlleuses auxquelles les jeunes commencent à être soumis – celles-ci vont de la cigarette jusqu'aux relations sexuelles –, et il est facile de comprendre pourquoi certains parents voient le passage de leur enfant à l'âge adulte avec une certaine appréhension.

Essayez de ne pas tomber dans ce piège. Les adolescents vous réservent une foule de plaisirs! Ces jeunes sont des personnes brillantes, passionnées, intéressantes, qui vous aiment toujours (même si elles ne le montrent pas nécessairement) et qui ont toujours besoin de vous (même si elles ont tendance à ne pas l'admettre). Laissez savoir à votre préadolescent combien vous êtes fier de la façon dont il évolue – que son développement soit précoce ou tardif – et que vous êtes sûr de pouvoir faire face ensemble aux changements à venir. Et dites-vous bien que personne ne vous blâmera de chérir en secret ces quelques dernières années de son enfance!

Puberté 101
à quoi s'attendre

«À un moment, Annie agit comme une adorable petite fille qui vient se blottir contre moi pour me faire un câlin, raconte France Gagné en parlant de sa fille de 12 ans. L'instant d'après, elle hurle après moi, car je suis entrée dans sa chambre, ai déplacé un bout de papier et ai fait intrusion dans sa vie privée.»

Les sautes d'humeur d'Annie peuvent être difficiles à supporter, avoue sa mère, mais elles font partie des changements normaux associés à la puberté. «Elle porte un soutien-gorge maintenant, et ça la gêne. Elle ne veut pas que l'on sache qu'elle en porte un. Elle se tient devant son miroir à tirer sur son tee-shirt et à s'examiner sous toutes les coutures pour s'assurer que rien ne paraît. Elle m'interroge sans cesse à propos des transformations que subit son corps – elle cherche à savoir si elle est normale.»

Annie, qui vient tout juste d'avoir 12 ans, est en pleine puberté. Sa poitrine a commencé à se développer, elle a des poils sous les bras et sur le pubis, mais elle n'est pas encore menstruée. «Nous avons parlé de la menstruation, dit sa mère. Elle se fait à cette idée, quoiqu'elle la trouve encore répugnante. Plusieurs de ses amies ont déjà leurs règles, ce qui l'aide à se préparer.»

La puberté est un processus de transformation et de

développement physiques qui fait passer les garçons et les filles de l'enfance à l'adolescence. Chez les filles, la puberté peut commencer dès l'âge de 9 ans, tandis qu'elle ne débute généralement que deux ou trois ans plus tard chez les garçons. En Amérique du Nord, les filles commencent à être menstruées en moyenne à 12-14 ans, selon la revue *Health News* publiée par l'Université de Toronto. Mais certaines peuvent être menstruées dès 9 ans, alors que d'autres ne le seront pas avant l'âge de 16 ans. Parmi les changements qu'ils subissent entre 10 et 18 ans, les garçons voient se développer leur système pileux, et leur voix devient plus basse et profonde.

Les phénomènes physiques associés à la puberté sont expliqués à la plupart des enfants à l'école, dans le cadre des cours de sciences et de biologie. Les jeunes peuvent en revanche ne pas être préparés aux changements émotionnels parfois foudroyants – et leurs parents peuvent eux aussi avoir du mal à y faire face.

Nicolas Roy, père vivant seul avec ses cinq enfants, explique que sa fille Ariane semble changer beaucoup plus à l'approche de la puberté que ne l'ont fait ses fils. «Je pense que cela tient au fait que les filles mûrissent physiquement à un âge plus précoce; elles se sentent presque obligées d'adopter un comportement adulte à cause de la manière dont les autres personnes réagissent envers elles. Ariane se préoccupe beaucoup plus de son aspect, de ses vêtements, et de plusieurs autres choses du même genre.»

Ses fils, par ailleurs, ont pris l'arrivée de la puberté un peu à la blague. Nicolas se souvient du désarroi d'Ariane lorsqu'elle s'est mise à faire de l'acné, ce qui influait sur son humeur. Par contre, son fils aîné Alain «a vu, vers l'âge de 12 ans, ses mains et ses pieds grandir de manière ahurissante» avant que le reste de son corps suive le même chemin, mais ça n'a pas semblé l'inquiéter outre mesure.

«Mes plus jeunes fils considèrent la pousse des poils pubiens comme un phénomène plutôt amusant. Christian, 10 ans, m'a dit l'autre jour sentir la transpiration; aussi a-t-il commencé à mettre du déodorant. Ils plaisantent à propos du rasage, et je me souviens d'avoir trouvé ça très embarrassant quand j'étais adolescent. Je suis content qu'ils puissent le prendre à la légère.»

La sexualité est toutefois un sujet que Nicolas traite avec beaucoup de sérieux. «J'essaie vraiment de ne pas trop plaisanter à ce sujet. Les garçons parlent en riant de la masturbation, par exemple, en disant que leurs amis s'y adonnent, *contrairement à eux*, soulignent-ils. Je pense qu'il est important de ne pas banaliser la sexualité.»

En sa qualité de père vivant seul avec ses enfants, Nicolas a trouvé plus facile de parler à ses fils qu'à Ariane. «Il est plus approprié, selon moi, qu'elle parle des aspects sexuels et de certaines questions, telles que la menstruation, avec sa mère qu'elle voit fréquemment. Je crois qu'elles ont de bons échanges à ce propos. Mais elle ne vient pas me trouver pour me poser des questions comme le font ses frères.»

Nicolas considère que la préparation est essentielle pour aider les enfants – et les parents – à relever les défis que présente la puberté. «Parlez-leur des changements et de ce à quoi ils doivent s'attendre avant qu'ils commencent à les vivre. Lorsque la puberté commence vraiment, ils peuvent être trop gênés pour en parler.»

Les parents devraient aussi se souvenir que chaque enfant peut entrer dans la puberté à un âge différent et franchir les étapes du processus à son propre rythme. Il est important de rassurer la petite fille qui voit sa poitrine se développer à l'âge de 10 ans et de lui dire qu'elle est normale, et d'assurer au garçon, qui ne présente pas le moindre signe de développement à 14 ans, que son tour viendra.

De plus, les enfants ne peuvent échapper aux sensations ni à l'intérêt sexuels que provoquent les transformations physiques et hormonales. Voilà un autre aspect dont il est important de discuter, et de préférence avant qu'il survienne. «Dès l'âge préscolaire, les enfants ont appris comment se faisaient les bébés et l'importance de la sexualité, dit Nicolas. Nous leur avons aussi parlé, au fil des années, de la responsabilité que cela implique. À la puberté, tout cela revêt soudain une nouvelle importance – ça devient réalité.» France se souvient de Marie-Hélène en train de lui raconter un rêve qu'elle avait fait et qu'elle ne comprenait pas totalement. «Tandis qu'elle me le décrivait, je me suis soudain rendu compte qu'il s'agissait d'un rêve purement érotique. En un sens, elle n'est encore qu'une fillette, mais elle commence déjà à éprouver des sensations.»

La puberté est aussi une période où s'établissent de nouvelles relations entre parents et enfants, tandis que la famille fait face aux transformations physiques et émotionnelles. Tout cela est excitant et parfois stressant, mais les parents doivent à tout prix se souvenir que, en dépit des hauts et des bas, il s'agit d'un développement positif dans la vie de leur enfant.

lectures

Lectures sur la puberté

- Robie H. Harris, *Le sexe? Parlons-en!: la croissance, les transformations physiques, le sexe et la santé sexuelle*, Saint-Lambert, Les éditions Héritage jeunesse, 1995. Le texte est comparable à plusieurs autres ouvrages contemporains traitant de puberté, mais les illustrations lui donnent une touche plus légère que les jeunes apprécieront. Plusieurs sont humoristiques ou très explicites, et on porte une attention particulière à présenter des corps de toutes formes et proportions.

- Jocelyne Robert, *Ma sexualité de 9 à 12 ans*, Montréal, Éditions de l'Homme, 1986. Dans ce guide, on propose aux préadolescents de participer activement à une réflexion sur la sexualité, et aux parents d'établir un franc dialogue avec leur enfant.
- Lynda Madaras, *À la découverte de mon corps*, Montréal, Éditions de l'Homme, 1991. Deux éditions: *Guide pour les adolescentes et leurs parents* et *Guide pour les adolescents et leurs parents*.
- Gilbert Tordjman et Claude Morand, *La vie sexuelle*, illustré par Urs Landis, Paris, Éditions Nathan, 1994 (recommandé dans *La bibliothèque des jeunes*).
- Élizabeth Jacquet, *Les jeunes filles et leur corps*, coll. «Hydrogène», Paris, Éditions de la Martinière Jeunesse, 1994.

Les premières règles
le rituel de passage pour les filles

Vous souvenez-vous des mythes d'il y a de cela quelques générations? Vous ne pouviez vous faire faire une permanente lorsque vous aviez vos règles, car vos cheveux risquaient de mal boucler. Vous ne deviez pas prendre de bain ni nager pendant les menstruations, seules les douches étaient permises. Il était dangereux de vous approcher d'un chien – il aurait pu savoir que vous aviez vos règles et vous attaquer. Sans parler des divers euphémismes employés pour en parler.

Diane Potvin, mère de trois enfants (deux filles de 15 et 13 ans et un garçon de 10 ans), se souvient aussi combien les filles étaient peu préparées par leurs parents avant l'apparition de leurs premières menstruations. «Un jour, à l'école, j'ai trouvé une fille de ma classe en train de pleurer dans les toilettes parce qu'elle saignait et ne savait pas pourquoi. Elle croyait avoir une terrible maladie et être sur le point de mourir.»

Avec de tels souvenirs, Diane a tenu à parler des menstruations à ses trois enfants et ce, dès leur plus jeune âge. «Je voulais qu'ils sachent que c'est normal et naturel; je ne leur ai par conséquent jamais rien caché.»

Diane ne leur a pas donné un cours sur le sujet; elle a simplement tiré parti d'occasions qui se présentaient. Un jour où elle achetait des serviettes hygiéniques au magasin, ses enfants lui ont demandé ce que c'était et elle leur a expliqué: «Je vous ai déjà dit que, chaque mois, du sang s'écoule de mon utérus, vous souvenez-vous? Eh bien, ces serviettes absorbent le sang pour qu'il ne tache pas mes vêtements.»

S'ils apercevaient du sang sur sa culotte ou sur ses draps, elle leur expliquait qu'elle avait ses règles et soulignait que ce phénomène était parfaitement normal et sain. «Ils auraient pu être effrayés à la vue du sang, car ils l'auraient associé à une coupure ou à une blessure. J'ai donc toujours insisté sur le caractère normal des menstruations.»

Parler de questions telles que la menstruation est beaucoup plus difficile pour Hugues Bourque, qui élève seul sa fille Laurence âgée de 12 ans. Il ne peut partager ses propres expériences ni tirer parti d'occasions spontanées comme a pu le faire Diane. «C'est parfois difficile, car je ne suis pas une femme. Je ne sais pas ce que c'est ni ce qu'elle éprouve.»

Il sent néanmoins que l'étroite relation qui existe entre Laurence et lui leur permet de parler sans trop de mal de sujets délicats. Sa fille a trouvé un moyen de soulever ces questions. «Lorsque quelque chose la tracasse, elle propose que nous sortions ensemble faire une promenade en voiture. Elle m'interroge alors sur des sujets tels que la menstruation ou la sexualité.»

Hugues et Diane considèrent tous deux que la préparation est très importante, et qu'il est judicieux de parler des changements associés à la puberté avant que celle-ci ne commence. N'oubliez pas non plus que les filles peuvent avoir leurs règles dès l'âge de 9 ans et que, si votre fille a déjà des poils pubiens et des seins, ses premières menstruations ne devraient plus tarder (bien qu'il puisse y avoir des écarts considérables). «Parler des menstruations, c'est aussi expliquer bien plus que le cycle menstruel, souligne Diane. Lorsque j'étais adolescente, on nous disait que le syndrome prémenstruel se passait dans notre tête, que nous ne faisions qu'imaginer ces symptômes. J'ai tenu à expliquer à mes filles que ce qu'elles éprouvaient – crampes, ballonnement, nervosité – était bel et bien réel.»

Si Hugues considère que les cours à l'école ont fourni à Laurence la majeure partie des renseignements dont elle avait besoin, Diane nous met en garde, car on ne peut pas toujours se fier à ce type de cours.

«Lorsque Pascale a suivi ces cours, son professeur s'est trouvé si gêné qu'il s'est contenté de lire à toute vitesse la partie du livre traitant des menstruations. Quelque temps plus tard, les premières règles de Pascale se sont déclenchées à l'école; elle est allée voir son professeur et lui a dit: "J'ai un petit problème." Et son professeur lui a répondu: "Ne m'en parle pas, va voir une des enseignantes." Elle s'est sentie très mal à l'aise à ce moment-là, mais, plus tard, nous en avons bien ri.»

Diane est convaincue que son fils Rémi n'aura pas la même attitude. «Il sait de quoi il retourne, il entend ses sœurs en parler, et je crois qu'il considère cela comme un aspect de la vie tout simplement normal.» Le phénomène de la menstruation doit être présenté aux garçons de manière positive et factuelle. «Pierre, mon mari, m'a beaucoup aidée à ce propos, explique Diane. Enfant, il ne savait rien des menstruations, qui lui ont d'abord paru une chose effrayante. Il est déterminé à faire comprendre à Rémi qu'il ne s'agit que d'un phénomène tout à fait normal et naturel.»

Hugues a lui aussi voulu mettre l'accent sur l'aspect normal des menstruations; il n'en a donc pas fait «tout un plat». Son défi? Ne pas oublier d'apporter tout ce qu'il faut lorsque Laurence et lui partent en vacances. «C'est une chose à laquelle, normalement, je ne penserais pas!»

Même lorsqu'elles y sont bien préparées, de nombreuses filles vivent leurs premières menstruations de manière très émotive. «Pascale a pleuré lorsqu'elle a eu ses premières règles; elle était pourtant au courant et avait vu sa sœur aînée vivre cette expérience.» Pourquoi? «Elle s'est vue devenir adulte sans y être tout à fait prête. C'est un moment important, et il n'est pas surprenant qu'elle se soit sentie émue.»

La menstruation constitue indubitablement un rituel de passage – un événement majeur dans la vie d'une jeune fille –, et certaines familles célèbrent l'arrivée des premières règles. Une grande fête semblera sans doute trop voyante aux yeux de la plupart des demoiselles, mais votre fille appréciera peut-être un geste plus discret: l'inviter dans un restaurant chic (pour adultes) ou lui offrir un souvenir qui vous vient de votre propre mère.

Il est également important de comprendre que certaines filles réagissent à ce fulgurant changement de façon beaucoup plus intime. Par conséquent, si votre fille semble hésiter à parler de cette «nouvelle» avec vous ou avec d'autres membres de la famille, respectez son souhait. Après tout, notre corps ne change pas de manière aussi soudaine et importante tous les jours!

Changer d'attitude envers les menstruations

– Si les garçons voient mes tampons dans mon sac à dos?
– Si Sabine le dit à quelqu'un?
– Si je n'arrive pas à temps aux toilettes et que mon pantalon est taché, tout le monde le saura?

Il existe certainement moins de tabous qu'autrefois dans les publicités de protections périodiques. Mais chez les femmes, prises individuellement, il y a encore une aura de secret qui entoure les menstruations. Ironiquement, cela peut causer beaucoup d'anxiété et d'embarras aux jeunes filles qui, non seulement doivent s'organiser avec leurs menstruations à l'école, mais en plus faire semblant de ne pas avoir leurs règles. Oui, c'est intime, mais si ce n'était pas plus intime que le fait d'uriner, par exemple, ce serait beaucoup moins stressant. (Imaginez vous sentir libre de dire tout simplement à un garçon: «Non, ne me lance pas dans la piscine! J'ai mes règles et je ne veux pas mouiller ma serviette hygiénique!»)

Ce jour viendra peut-être, mais d'ici là, plus nous parlerons ouvertement de tout ce qui touche les menstruations dans notre famille, aussi bien avec les filles qu'avec les garçons, moins ce sera une source d'embarras à l'adolescence.

La sexualité
en parler, maintenant ou jamais!

De nos jours, les enfants semblent être tellement informés au sujet de la sexualité. Ils sont beaucoup plus exposés que les générations précédentes aux livres d'éducation sexuelle explicites, aux scènes à caractère sexuel dans les films. Il serait normal qu'ils en sachent suffisamment sur la sexualité lorsqu'ils atteignent l'adolescence. Est-ce bien le cas?

Meg Hickling pense le contraire. Infirmière et spécialiste en éducation sexuelle à Vancouver, elle entend encore ses élèves adolescents faire des commentaires et lui poser des questions incroyablement naïves. «De nombreux jeunes pensent encore que ce sont certains aliments qui rendent une femme enceinte. Ils ne peuvent s'empêcher de croire que l'on doit avaler quelque chose pour être enceinte, parce que leurs parents disent que les bébés se développent dans le ventre de leur mère. De très nombreux enfants m'ont dit (en particulier ceux de cinquième et sixième années): "On peut faire l'amour lorsqu'on est amoureux, mais on ne peut avoir un bébé qu'une fois marié."»

Cela semble mignon et amusant, mais un tel manque d'information à cet âge est dangereux. «J'ai rencontré une fille de 13 ans qui s'est retrouvée enceinte au début du secondaire parce que sa mère lui avait dit qu'elle ne pouvait avoir un bébé que si elle était mariée. Elle s'est donc imaginé pouvoir faire l'amour sans le moindre risque», explique Meg Hickling.

Les enfants sont, de nos jours, plus exposés que nous l'étions au même âge aux insinuations et aux images à caractère sexuel, ainsi qu'à la glorification du sexe. Mais ils n'ont pas toujours l'information détaillée et précise qui leur permettrait de comprendre leur propre puberté, d'avoir une idée réaliste de ce qu'est la sexualité et de faire des choix avisés en matière de sexualité. Et une partie, au moins, de cette information doit venir de vous, les parents. «Les programmes scolaires peuvent être valables, mais ils ne sont pas toujours très bons, explique Meg Hickling. Certains professeurs ne se sentent pas très à l'aise pour traiter ce type de sujet, et refuseront de répondre aux questions embarrassantes. Les enseignants sont également tenus de suivre le programme et les normes à la lettre. Les enfants doivent donc parfois se contenter de réponses peu satisfaisantes à leurs questions.» Il revient aux parents de combler les lacunes.

«Ce groupe est terriblement avide d'en savoir plus.» C'est on ne peut plus logique. Ces enfants sont en pleine puberté et ils sont exposés à un nombre bien plus important d'émissions de télévision, de ragots dans les cours d'école et même de scènes pornographiques (à tout le moins sur les boîtiers de vidéocassettes à louer) que ne le sont les plus jeunes. Les questions doivent se bousculer dans leur tête!

Tentez simplement de les inciter à les poser. À cet âge, de nombreux enfants sont gênés et hésitent à parler de la sexualité, même s'ils vous interrogeaient ouvertement (et inlassablement) lorsqu'ils étaient d'âge préscolaire. «Vous devez faire comprendre à vos enfants qu'il n'y a pas de mal à en parler et que vous êtes prêt à le faire, suggère Meg Hickling. Si vous attendez qu'ils soient adolescents, ils s'éloigneront tout simplement de vous.»

Comment et par où commencer? «Saisissez la moindre petite occasion. Vous pouvez y aller petit à petit. Lorsque vous accompagnez votre enfant à son cours de piano, vous pouvez relever une nouvelle transmise à la radio et lui demander: "Sais-tu exactement ce que ça veut dire?" Ne vous contentez jamais d'une réponse du type: "Oui, parlons d'autre chose." Invitez-le à vous dire ce qu'il en sait. S'il refuse, dites-lui: "Très bien, mais voici ce que j'aimerais que tu saches à ce propos."» Lorsque ce genre de conversation impromptue est difficile à tenir, Meg Hickling suggère une autre solution: «Amenez-le faire une balade en voiture; comme il ne peut aller nulle part, vous pouvez lui parler. Qu'il se mette à rire, à se plaindre, à dire "C'est dégoûtant, je connais tout ça", continuez de parler en dépit de son embarras (et peut-être bien du vôtre aussi).»

De quoi devons-nous parler? Meg Hickling énumère un certain nombre de sujets clés:

Le corps et la puberté. Vous serez surpris d'apprendre que de nombreux enfants sont encore inquiets et s'interrogent sur les transformations associées à la puberté et ce, en partie parce que cette puberté semble plus précoce et que les parents attendent trop longtemps pour leur en parler. «Une fille a eu ses premières règles à l'école; sa mère ne l'avait pas préparée, et elle n'avait pas la moindre idée de ce qu'il lui arrivait, souligne Meg Hickling. Il est donc important qu'ils sachent tout à propos de leur corps – comment il fonctionne, comment en prendre soin, en quoi il va changer – et qu'ils aient suffisamment confiance en eux pour ne pas hésiter à parler à leurs parents ou à consulter un médecin s'ils éprouvent un problème.»

La reproduction. «Ils doivent savoir exactement en quoi consistent les rapports sexuels et ce qui provoque la grossesse. Ils doivent comprendre qu'une femme peut se trouver enceinte après avoir fait l'amour pour la première fois, et qu'elle peut même être enceinte sans pénétration, si l'homme éjacule près de son vagin et que des spermatozoïdes s'y glissent», souligne Meg Hickling.

Les MTS. Les préadolescents doivent savoir qu'il existe des maladies très graves transmises sexuellement, et que personne n'est à l'abri. «Les enfants ont à ce propos une approche classique et naïve, fait observer Meg Hickling. Ils peuvent répondre: "Mon ami ne pourrait pas être atteint d'une telle maladie – son père est médecin." Très souvent, ils ne se rendent pas compte que leurs partenaires sexuels pourraient mentir ou tout simplement ne pas savoir qu'ils sont infectés.»

Vos convictions à propos de la sexualité à l'adolescence. «Nous voulons les faire réfléchir et se demander dans quelle mesure c'est une bonne idée d'avoir des rapports sexuels au niveau du secondaire, explique Meg Hickling. Les émissions de télévision et les films présentent le sexe comme l'aboutissement normal d'un rendez-vous amoureux.» Si vous considérez que les rapports sexuels ne devraient avoir lieu que dans le cadre d'une relation profonde et prolongée, dites-le. Les enfants doivent savoir aussi que très peu des premières jeunes romances se poursuivent jusqu'à l'âge adulte. Ils doivent réfléchir aux réalités que sont la grossesse et les MTS. Ils doivent aussi évaluer leur propre maturité: se sentiraient-ils à l'aise de consulter un médecin et de parler de contraception avec leur partenaire?

Un point de vue réaliste sur la pornographie. Les enfants ont enfin de nombreuses questions sur ce qu'ils ont vu (ou entendu) en matière de pornographie. «Les enfants doivent absolument savoir que les scènes de pornographie ne sont pas réalistes, que les gens ne se comportent pas comme le font les personnes dans la pornographie, pas plus qu'ils ne leur ressemblent. Ils doivent savoir que les images sont retouchées: personne n'a un corps aussi parfait! Ils doivent enfin savoir qu'on n'est pas obligés de faire tout ce que l'on peut voir dans les films lorsqu'on a une relation sexuelle: on a le choix et on ne doit rien faire contre son gré. Et ne craignez pas d'encourager très légèrement la répulsion naturelle que la plupart des préadolescents éprouvent à l'égard de l'activité sexuelle. Lorsqu'ils me disent: "Pouah! c'est dégueulasse!", je leur réponds: "Bien, je te comprends de trouver ça dégoûtant. Le sexe, c'est pour les adultes, pas pour les enfants."»

Meg Hickling reconnaît que certains parents sont si mal à l'aise qu'ils sont littéralement incapables de parler de sexualité avec leurs enfants. «Ils peuvent avoir été victimes ou témoins d'abus sexuel, ou avoir grandi dans un milieu si répressif qu'ils considèrent encore mal et répugnant d'en discuter. Je suggère à ces parents de se renseigner sur la qualité du programme scolaire offert à leurs enfants et, en particulier, si le cours s'avère insatisfaisant, de fournir d'autres outils à leurs enfants: des bons livres et de l'excellente documentation.»

Nos enfants ont besoin que nous les aidions, d'une manière ou d'une autre, à démystifier ce sujet de plus en plus complexe qu'est la sexualité. Une autre histoire à la fois triste et amusante illustre bien ce point. Meg Hickling raconte que l'un de ses élèves rentre de l'école et annonce à sa mère qu'il va mourir du sida. «La mère éclate de rire, mais le jeune, bouleversé, devient hystérique et affirme que c'est la vérité. Sa mère lui demande enfin: "Benoît, sais-tu comment on attrape le sida?" "Oui, répond-il. Tout le monde en parle à l'école, et j'ai vu les publicités à la télé. Ils disent que ceux qui ne portent pas de condom attrapent le sida. Et, maman, je n'ai jamais porté de condom."»

Il est inexcusable d'effrayer inutilement les enfants en leur disant qu'ils vont mourir du cancer ou du sida, ou, au contraire d'être très permissif et de les laisser inconsciemment prendre des risques – simplement par manque de connaissances. Il est plus que temps d'en parler.

L'intimité chez les jeunes

C'est un âge où les jeunes ont un besoin accru d'intimité: l'enfant que vous avez élevé avec grande désinvolture en ce qui concerne la nudité, vous interdit soudain d'entrer dans la salle de bains quand il est dans la baignoire et refusera d'entrer dans votre chambre le matin, tant que vous ne serez pas entièrement vêtu. Tout cela est normal, et l'éducatrice en sexualité Meg Hickling affirme que tout ce que nous avons à faire, c'est de respecter son besoin grandissant d'intimité, et la gêne qu'il ressent.

Et surtout, continuez de lui parler de sexualité – qu'il en soit embarrassé ou non. Mais, dit-elle, «certains enfants ont, de nature, vraiment besoin d'une très grande intimité. Cela fait partie de leur adaptation.» Ces enfants, explique-t-elle, peuvent littéralement ne pas entendre les informations données à l'école, «parce que c'est tout simplement trop difficile pour eux d'y faire face en groupe et en fait, ils me disent qu'ils ferment leurs oreilles. Ils n'entendent pas.»

Bien entendu, c'est aussi un défi pour les parents de tels enfants de leur enseigner ce qu'ils ont besoin de savoir. Que pouvez-vous faire?

- Ne précipitez rien. Ayez de courtes discussions privées, peut-être le soir, au moment du coucher, lorsque les lumières sont éteintes, en donnant à l'enfant peu d'information à la fois pour ne pas l'accabler.
- Lisez à haute voix. Procurez-vous quelques bons livres sur l'éducation sexuelle, suggère Meg Hickling, et si l'enfant vous permet de les lire avec lui, ou à voix haute, ce sera parfait. C'est un peu moins personnel qu'une discussion à deux, mais ça peut être plus facile.
- Si même cette approche n'est pas tolérée, offrez les livres à l'enfant. Dites-lui qu'il peut écrire ses questions sur une feuille de papier s'il n'ose pas les poser lui-même. Une vidéocassette à regarder dans un endroit privé peut aussi être une autre bonne solution.

lectures

Lectures recommandées

- Jocelyne Robert, *Parlez-leur d'amour... et de sexualité*, Montréal, Éditions de l'Homme, 1999, guide d'accompagnement destiné aux parents.

L'homosexualité
aider les enfants à comprendre l'orientation sexuelle

Après avoir regardé un téléfilm sur le sida, mon fils de 11 ans s'est tourné vers moi et m'a demandé: «Maman, je sais comment les hommes et les femmes font l'amour, mais comment cela se passe-t-il entre deux hommes?»

J'ai avalé ma salive et, comme je le fais toujours dans de tels cas, j'ai tenté de me rappeler comment mes parents ont eux-mêmes réagi. Il ne m'a pas fallu plus d'une seconde pour me rendre compte que mes parents n'avaient jamais été confrontés à cette situation particulière. Lorsque j'étais jeune, nous ne parlions jamais d'homosexualité. À 11 ans, je ne savais même pas que cela pouvait exister.

Les mouvements qui font la promotion des droits des homosexuels et l'avènement du sida ont sensibilisé le public à l'homosexualité, sujet que les parents ne peuvent plus éviter. Il n'est cependant pas toujours facile d'en discuter avec les enfants.

«L'homosexualité est indissociable du vaste sujet qu'est la sexualité, et de nombreux parents sont gênés d'en parler, explique Alex McKay, coordonnateur de la recherche au Conseil d'information et d'éducation sexuelles du Canada. Les parents peuvent sans trop de mal expliquer de façon succincte à leurs enfants de quelle manière les bébés sont conçus, mais ils trouvent difficile de parler du désir, de l'attirance et des sensations associées à la sexualité.»

Il ajoute que les parents se demandent parfois avec inquiétude si parler d'homosexualité avec leur enfant n'influera pas sur son orientation sexuelle. «Après des décennies de recherche, nous savons que le développement sexuel d'un enfant n'a rien à voir avec le fait de connaître la diversité des penchants sexuels que les gens peuvent avoir.»

Les parents que le sujet embarrasse vraiment devraient eux-mêmes chercher à s'informer davantage, suggère Alex McKay. La bibliothèque de votre quartier ou les centres de services sociaux devraient pouvoir vous procurer les documents qui vous donneront toute l'information dont vous avez besoin pour discuter avec vos enfants.

Miriam Kaufman est pédiatre à Toronto et mère de deux enfants qu'elle élève avec sa conjointe, Roberta. Miriam est souvent invitée à parler d'homosexualité devant des groupes d'enfants, et elle est fréquemment sollicitée pour aider à instruire d'autres médecins à ce propos.

«Lorsque votre enfant vous interroge sur la sexualité, je crois que vous devez réfléchir une minute et vous demander pourquoi il vous pose ces questions. Il le fait généralement pour l'une des trois raisons suivantes: il a entendu ou vu quelque chose et ne cherche qu'à se renseigner; il se sent "différent" et veut savoir si c'est normal; il a été l'objet de commentaires homophobes et veut connaître votre réaction. Une simple question du type "Quelqu'un en a-t-il parlé à l'école aujourd'hui?" peut vous aider à déterminer clairement de quoi se soucie votre enfant.»

Lorsque les enfants ne cherchent qu'à se renseigner, elle suggère de leur présenter les faits sans trop de commentaires. Ruth Miller, éducatrice en santé sexuelle au département de la Santé publique du Toronto métropolitain, dit que les parents qui ne se sentent pas très à l'aise peuvent répondre de la manière suivante aux interrogations de leurs enfants: «Les personnes peuvent éprouver diverses attirances sexuelles. Deux hommes ou deux femmes peuvent agir de la même manière qu'un homme et une femme lorsqu'ils se sentent attirés l'un vers l'autre et veulent se serrer l'un contre l'autre, s'embrasser et se caresser.» Elle suggère également aux parents de répondre à ce type de question en demandant à l'enfant ce qu'il en pense lui-même. Il s'est peut-être déjà forgé une opinion et ne vous interroge que pour la confirmer ou la corriger.

Miriam Kaufman souligne que, même à l'âge de la préadolescence, de nombreux enfants s'interrogent à propos de leur propre sexualité naissante. «Un grand nombre d'adultes homosexuels se souviennent de s'être sentis "différents" à cet âge. Je ne crois pas qu'ils aient eu conscience de leur orientation sexuelle à 9 ou 10 ans; ce n'est que plus tard qu'ils se sont rendu compte de ce qu'ils éprouvaient alors.» Elle rappelle en outre aux parents que les enfants éprouvent assez fréquemment à cet âge un profond attachement pour des amis de même sexe, sans pour autant devenir homosexuels.

Alex McKay croit que les parents peuvent aider leurs enfants en leur faisant comprendre que l'orientation sexuelle n'est pas un phénomène simple, et que les gens peuvent éprouver des attirances très diverses les uns envers les autres. Il suggère d'expliquer que la plupart des personnes sont attirées par d'autres du sexe opposé, mais que certaines le sont par des gens du même sexe, tandis que d'autres encore sont attirées autant par des hommes que par des femmes. «Je veux avant tout souligner que le sexe de la personne que l'on aime n'est pas aussi important que le fait même d'aimer et d'être aimé», ajoute-t-il.

De nombreux parents se soucient énormément d'aider

leurs enfants à ne pas devenir homophobes. «Je crois que nous devrions être beaucoup plus conscients de ce type de discrimination, dit Miriam Kaufman. Il y a eu récemment des réactions défavorables à propos du langage politiquement correct, mais les mots peuvent être très puissants, et de nombreux enfants emploient des termes désobligeants envers les homosexuels.»

Elle ajoute aussi que si un enfant dit à un camarade de classe «d'aller se faire f...», il sera sans doute envoyé au bureau du directeur, mais que s'il traite un autre camarade de «pédé», l'insulte ne sera pas relevée. Les enfants ignorent souvent le sens de mots tels que «tapette», ils savent simplement qu'ils sont perçus comme une insulte. «J'insiste sur le fait que si nous ne devons pas déprécier les gens à cause de leur race ou de leur religion, nous ne devons pas plus insulter des personnes sous prétexte de leur orientation sexuelle, souligne Alex McKay. Lorsque vous traitez quelqu'un de "pédé" ou de "tapette", cela équivaut à des propos racistes. Les enfants doivent savoir que de tels mots sont blessants.»

Miriam Kaufman considère que les enfants comprennent mieux l'homosexualité lorsqu'ils peuvent l'associer à une personne qu'ils connaissent, qu'il s'agisse d'un ami, d'un membre de la famille, d'un professeur ou d'une personne connue. Le parent peut ainsi montrer en quoi cette personne est semblable aux autres, excepté dans cet aspect de sa vie. «Nous avons tous des similitudes et des différences; nous devons nous appuyer sur nos ressemblances pour créer des liens, tout en acceptant ces différences. C'est le message que j'aimerais transmettre à tous les enfants.»

Mon fils a digéré l'information franche que je lui ai fournie à propos des rapports sexuels entre deux hommes, puis il m'a demandé: «Et comment c'est lorsque deux femmes font l'amour entre elles?»

Je suppose que je devrai répondre à de nombreuses autres questions d'ordre sexuel pendant encore plusieurs années. J'apprends toutefois à ne pas éviter ces sujets épineux, à parler ouvertement de nos amis homosexuels et à m'efforcer de répondre à mon fils en toute honnêteté: «Peu importe que tu sois plus tard hétérosexuel, homosexuel ou bisexuel, je t'aimerai toujours autant.»

L'apparence physique
c'est très important!

À 9 ans et ne mesurant pas plus d'un mètre vingt, Julien est beaucoup plus petit que la plupart de ses camarades de classe. Cela ne semble pourtant pas le préoccuper, sauf lorsque des gens prennent son meilleur ami pour son grand frère.

Anne-Marie, 11 ans, est très grande et a déjà bien entamé sa puberté. Sa nouvelle apparence l'embarrasse quelque peu, et elle porte le plus souvent de grands pulls pour aller à l'école, car elle a l'impression que tout le monde la regarde.

À 10 ans, Marc-André croyait être gros et devoir suivre un régime. Maintenant âgé de 12 ans, il a terriblement grandi et il est le premier parmi ses amis à avoir de larges épaules, une voix mûre et un début de moustache. Il est plutôt satisfait de son apparence, même s'il a souvent du mal à entrer au cinéma au tarif enfant.

«L'image corporelle est terriblement importante pour les jeunes appartenant à ce groupe d'âge, confirme Miriam Kaufman, pédiatre à l'hôpital pour enfants de Toronto. Ça n'a rien d'étonnant. À un âge où ils se préoccupent de leur apparence et d'être dans la norme de leur groupe d'amis, le rythme imprévisible auquel la puberté s'installe engendre une vitesse de croissance et des silhouettes bien différentes chez les jeunes.»

«De nombreux enfants craignent plus particulièrement de grossir. Ils ont appris qu'il n'était pas bien de prendre du poids. Ce gain de poids est pourtant normal en prévision de la poussée de croissance associée à la puberté, mais il effraie les jeunes. Ils considèrent cela comme anormal et ont l'impression de perdre toute maîtrise sur leur corps.»

La fille de Danielle Allaire, Clotilde, a 10 ans et fait preuve d'une plus grande préoccupation pour son apparence et celle des autres. «Elle se soucie des styles, de la mode et du maquillage et passe un temps fou devant son miroir, remarque sa mère. Elle parle de qui est mince et de qui maigrit. Elle s'est déjà plainte d'être grosse, mais ça n'est pas tombé dans l'oreille d'une sourde. Je ne l'ai pas critiquée de l'avoir dit, mais lui ai souligné qu'elle n'avait pas lieu de s'inquiéter et qu'elle serait toujours belle.»

Bien que le concept de la moyenne soit assez imprécis à cet âge, Miriam Kaufman souligne que les enfants qui se trouvent au début ou à la fin de leur puberté risquent d'être particulièrement préoccupés de leur image corporelle ou d'en avoir une piètre perception.

Puberté précoce ou tardive. La puberté embarrasse réellement les enfants, mais lorsqu'ils sont parmi les premiers ou les derniers à la vivre, leur gêne en est encore accrue. «J'ai l'air d'un monstre!», est la plainte la plus répandue (exprimée ou non) des victimes de puberté précoce ou tardive.

«Clotilde entre maintenant dans la puberté, et plusieurs de ses amies ont une longueur d'avance sur elle. Elles n'ont que 10 ans, ce qui n'est pas très vieux, n'est-ce pas?» souligne Danielle. Il est compréhensible que les enfants aient parfois du mal à suivre leur propre développement. «Le corps de Clotilde se transforme, et c'est une source de tension. Ses cheveux se salissent plus rapidement, et elle dégage à l'occasion des odeurs corporelles. Elle doit se laver plus fréquemment et je dois la forcer à aller sous la douche. Malgré ces nouvelles transformations physiques, elle n'est pas encore prête à modifier son comportement.»

Plus grand ou plus petit que la moyenne. «Nous faisons face, ici, à une division entre garçons et filles, observe Miriam Kaufman. La plupart du temps, les garçons s'inquiètent d'être trop maigres ou trop petits. Les filles, quant à elles, sont plus affectées par le fait qu'elles soient trop grandes. Certains enfants se rongent les sangs à ce propos, tandis que d'autres semblent ne pas en être conscients.»

«Le problème qui peut survenir, pour ces enfants, c'est que les gens les prennent pour plus vieux ou plus jeunes qu'ils ne le sont en réalité. On a tendance à s'attendre à ce que l'enfant qui est grand de taille soit plus mûr, et même à le pousser dans ce sens, et à traiter les enfants de petite taille comme des petits, alors qu'ils ont besoin de grandir comme tous les autres», avertit Miriam Kaufman.

Les enfants qui font de l'embonpoint. Non seulement les enfants ayant un excès de poids ont-ils leurs propres inquiétudes face à leur apparence, mais ils doivent aussi faire face aux moqueries malveillantes de leurs pairs: «Les enfants qui souffrent d'embonpoint sont encore et toujours accablés de sarcasmes», explique Miriam Kaufman. Elle regrette que «les adultes interviennent rarement face à ce genre de moqueries aussi rapidement ou fermement qu'ils le feraient s'il s'agissait d'insultes raciales ou d'agression physique».

Que peuvent faire les parents pour aider les préadolescents à se sentir mieux dans leur peau?

«Je crois que nous devons commencer par surveiller la façon dont nous parlons de nous-mêmes et des autres. Nous devons cesser de toujours critiquer notre corps ou de juger les autres d'après leur taille et leur apparence», suggère Miriam Kaufman.

«Clotilde me voit rarement m'inquiéter au sujet de mon apparence, ou lui accorder beaucoup de temps, explique Danielle. Mais il y a des messages à ce sujet partout, et je crois qu'à la préadolescence, les filles commencent à se rendre compte qu'elles seront jugées d'abord sur leur physique. Nous regardions une émission de télévision l'autre jour, je ne me souviens plus exactement laquelle, mais il y avait un message non déguisé. Je me suis tournée vers Clotilde et ses amies et je leur ai dit: "Un instant! Ça n'est pas tout! Être une fille ne se résume pas à ce que les gars la regardent. Il faut choisir d'avoir belle apparence pour soi-même et pour personne d'autre. Le rôle d'une femme n'est pas seulement d'être belle aux yeux d'un gars."»

Miriam Kaufman nous conseille vivement d'éviter de transmettre des messages à nos préadolescents les laissant croire qu'il est bien de suivre un régime ou que les calories sont à proscrire. «Dans l'ensemble, il n'est ni sain ni prudent que les enfants perdent du poids avant leur poussée de croissance; ce peut même être dangereux. Si un jeune déclare qu'il va suivre un régime, les parents devraient le lui interdire. Dans un tel cas, une directive ferme est tout à fait valable. Il est rare qu'il soit bon pour un enfant de suivre un régime, et si celui-ci s'avère obligatoire, il devrait être suivi sous supervision médicale.»

Les enfants ont plutôt besoin de comprendre qu'il est important de bien se nourrir afin de pouvoir être en santé et fort pendant la puberté, et qu'une calorie est simplement une unité de mesure de la valeur énergétique des aliments, énergie dont ils ont besoin pour grandir. «Nous voulons encourager un mode d'alimentation sain, souligne Miriam Kaufman, qui consiste à *inclure* les aliments dont nous avons besoin, comme les fruits et les légumes, et non à éliminer des aliments ou à compter les calories.»

Au début de la puberté, les jeunes s'apprêtent à vivre des changements corporels majeurs. Ils poussent, littéralement, dans toutes les directions à la fois, et leurs proportions peuvent, en fait, paraître un peu bizarres pendant un certain temps, si certaines parties de leur corps ne grandissent pas au même rythme que les autres. C'est normal, dans ces circonstances, que les jeunes se sentent incertains face à leur apparence ou un peu anxieux de savoir quel sera le résultat final de cette transformation. Mais la plupart des préadolescents arrivent à supporter tout cela sans trop de difficulté, et les parents peuvent les aider en les encourageant à mettre l'accent sur la santé et le dynamisme plutôt que sur la taille et l'apparence physique.

le saviez-vous?

Les problèmes de nutrition: les signaux d'alarme

Bien que nous ayons tendance à les considérer comme étant des problèmes d'adolescentes, les problèmes de nutrition tels l'anorexie ou la boulimie peuvent toucher les préados, aussi bien les filles que les garçons. Ces problèmes sérieux, susceptibles de mettre la vie du jeune en danger, nécessitent l'intervention de professionnels. L'article intitulé «Armer nos adolescents contre les troubles alimentaires», par l'Institut national de la nutrition (*Bouchées Santé*, Enfant et Famille Canada, 1996) préconise aussi la prévention. «Comme parents, vous pouvez dépister les troubles alimentaires et agir afin de prévenir tout ravage.» Une préoccupation excessive pour le poids, la forme, les calories ou le choix des aliments, une perte de poids importante associée à un régime restrictif, l'isolement social ou la critique plus prononcée de soi et de son corps sont décrits comme étant des signes précurseurs de troubles alimentaires.

Dans la plupart des cas, la première étape consiste à consulter votre médecin de famille ou votre pédiatre qui vous recommandera de suivre un traitement particulier ou de prendre rendez-vous avec un conseiller.

L'enfant qui fait de l'embonpoint

Les enfants, comme tous les êtres humains, ont tous un type corporel différent, et certains ont indéniablement tendance à emmagasiner plus de graisses que d'autres. Mais, dans notre société, on valorise la minceur, et un excès de poids peut entraîner de la souffrance sur le plan émotionnel, allant d'un rejet de la société à une faible estime de soi. Comment les parents peuvent-ils aider un enfant qui fait de l'embonpoint?

Dans sa chronique InfoSanté intitulée «Rond rond, petit patapon» (*Le Magazine Enfants Québec*, novembre 1999), Lucie Chartrand écrit que selon Lise Primeau, diététiste à l'Hôpital Sainte-Justine, «une approche contrôlante peut faire plus de tort que de bien. L'enfant qui se sent privé peut devenir obsédé par les aliments et manger en cachette. De plus, des restrictions trop sévères comportent un risque de malnutrition et peuvent favoriser l'anorexie mentale et la boulimie nerveuse.» L'auteure suggère aux parents:

- Privilégiez la prise d'aliments au moment des repas et des collations, selon un horaire établi.
- Ne laissez pas les enfants grignoter juste avant le repas, peu importe leur poids.
- Ne laissez pas la jarre à biscuits à portée de main, ni les croustilles sur la table du salon.
- Évitez de consoler, de récompenser ou de punir un enfant par des aliments.
- Pour étancher la soif, offrez de l'eau plutôt que des jus ou des boissons gazeuses.
- Encouragez l'enfant à choisir et à pratiquer une activité physique qu'il aime.
- Diminuez le nombre d'heures passées devant l'écran de télévision ou d'ordinateur.
- Au besoin, révisez la liste d'épicerie.
- Aidez l'enfant à acquérir et à conserver une bonne estime de soi, sans mettre l'accent sur son apparence. Évitez les taquineries qui vous semblent anodines... et qui peuvent être blessantes pour lui.

«J'ai déjà pris ma douche la semaine dernière!»
pourquoi ne veulent-ils pas se laver?

«Lorsqu'il était petit, il adorait prendre des bains, raconte Hélène Patenaude, lorsqu'elle parle de son fils de 9 ans, Simon. Parfois, il passait des heures dans la baignoire à s'amuser avec ses jouets ou tout simplement à se détendre dans l'eau. Mais ces jours sont bien loin.» Comment Hélène explique-t-elle ce changement brusque d'attitude de Simon envers son hygiène personnelle? «Je commence à croire qu'il a développé une phobie du savon!»

Voici comment elle décrit sa lutte pour amener Simon à se laver: tout d'abord, elle lui rappelle plusieurs fois qu'il doit prendre une douche. Il marmonne toujours: «Dans une minute» et poursuit son activité. Finalement, elle lui lance un ultimatum: s'il n'a pas pris sa douche, il ne pourra pas aller au cinéma avec le reste de la famille. Alors il se dirige vers la salle de bains. Hélène raconte: «Il y entre et en ressort tellement vite, que j'ai peine à croire qu'il soit plus propre qu'avant d'y être entré.» Dès que l'eau s'arrête de couler, elle grimpe les marches à toute vitesse et arrive juste à temps pour l'empêcher de remettre le *jean* (très sale) qu'il a porté toute la journée.

Lorsqu'ils redescendent ensemble, elle remarque que les cheveux de son fils sont bel et bien mouillés, mais elle ne sent aucune odeur de shampoing. Lorsqu'elle s'en étonne,

Simon lui répond, surpris: «Tu ne m'avais pas dit que je devais aussi me laver les cheveux!»

Les deux fils de Sylvia Souci, Ghislain (9 ans) et Clément (11 ans) sont aussi rébarbatifs l'un que l'autre à l'idée d'être propres. «Tout récemment, explique Sylvia, j'ai envoyé Clément prendre une douche, et il s'est mis à pleurer tant il était furieux. Même lorsque l'eau coulait, je pouvais l'entendre marmonner et rouspéter après moi. Il agit comme si je l'envoyais à l'échafaud.» Et lorsque Ghislain et Clément émergent d'une douche tant redoutée, ils quittent la salle de bains en laissant derrière eux le désordre le plus complet. Les serviettes mouillées et les vêtements sont jetés par terre, n'importe comment, et il y a de l'eau partout. «Je crois que c'est leur façon de me punir parce que je les ai envoyés se doucher!»

Sylvia dit qu'elle et son mari sont très portés sur la propreté et qu'elle ne comprend pas comment elle se retrouve avec deux garçons malpropres qui l'obligent à utiliser la méthode forte pour leur faire prendre un bain. «J'en suis venue à craindre de donner des complexes à Clément. Je lui demande toujours s'il a pris sa douche, s'il s'est lavé le visage, s'il s'est lavé les mains.»

Pourquoi tant d'enfants de cet âge tiennent-ils tellement à être sales?

Roseann Boulding, enseignante à Toronto, dit que chaque année, ses collègues et elle doivent prendre quelques garçons à part et leur demander de se laver plus souvent. Ce problème semble être moins répandu chez les filles, souligne-t-elle. «Je crois que c'est en partie parce que, dans notre société, nous élevons les garçons différemment des filles. Un garçon qui est un peu malpropre est acceptable et ses amis ne le remarqueront probablement pas. Une fille qui ne s'est pas lavée se le fera dire par ses amies, et elle aura l'impression qu'elle doit réagir en conséquence.» D'une façon ou l'autre, l'attitude de votre enfant a beaucoup à voir avec la façon de penser de ses amis. Après tout, à cet âge, il n'y a rien de plus important que d'être semblable à ses pairs.

Hélène Patenaude pense que pour son fils, «se laver prend tout simplement beaucoup trop de temps, et c'est bien loin sur sa liste de priorités». Elle a remarqué que, parfois, Simon a de la difficulté à enfiler son pyjama parce qu'il est trop pressé pour s'essuyer correctement et il arrive avec les cheveux tellement mouillés qu'ils dégouttent partout. Il n'a même pas pris le temps de les éponger avec une serviette. «Je crois qu'il craint de manquer quelque chose de vraiment très important s'il passe dix minutes sous la douche.»

Joanne Tee, travailleuse sociale en pratique privée (Hamilton, Ontario), affirme que ce dédain pour la propreté peut être une façon pour les enfants d'exercer leur nouvelle indépendance. Les parents sont toujours là pour s'assurer que leurs jeunes soient propres, mais lorsque ces enfants mûrissent, l'hygiène personnelle devient un domaine où ils veulent prendre leurs propres décisions, et plutôt avec raison. Elle prévient les parents: «Dites-vous que ça leur passera et soyez un peu moins exigeants envers eux. Insistez seulement sur ce qui est important pour rester en bonne santé. Vous devrez lâcher prise petit à petit chaque année, tandis que votre enfant grandit; et cette étape peut être un bon exercice pour apprendre à reculer.»

Ce manque d'intérêt pour la propreté s'arrête habituellement quand les enfants découvrent le sexe opposé. Sylvia peut déjà en voir les prémisses avec Clément. «Il commence à faire attention à son apparence, et veut mettre de la lotion après-rasage ou de l'eau de Cologne.» Cela ne l'a pas amené à goûter les joies d'une bonne douche, mais sa mère croit qu'elle commence à voir la lumière au bout du tunnel.

D'un extrême à l'autre

«Il avait l'habitude de sortir du lit à la dernière minute, avalait son déjeuner et courait jusqu'à l'autobus sans même avoir pris le temps de se brosser les cheveux, raconte une mère perplexe. Cette année, il s'est soudain mis à se doucher tous les matins. Et il se lève 15 minutes avant les autres afin de pouvoir utiliser la salle de bains!»

Certains enfants ne sont malpropres que pendant les années d'adolescence. Puis, très soudainement, ils deviennent les gens les plus propres du monde. Beaucoup de jeunes des deux sexes ont horreur d'avoir les cheveux sales, de sentir mauvais ou de porter des vêtements qui ne viennent pas juste d'être lavés. Cela signifie qu'il y aura, dans les années à venir, des négociations serrées pour établir l'horaire des douches et des lessives, et l'utilisation du sèche-cheveux et d'autres articles de toilette personnels.

«Il est impossible d'avoir trente-six salles de bains», m'a dit un jour le père de trois filles. Cela dit, la plupart d'entre nous n'en n'avons qu'une et devons faire avec... ou épargner, pendant qu'il en est encore temps, pour éventuellement en ajouter une deuxième!

Alcool, cigarette et drogue
garder contact avec nos enfants

Vous ne pouvez faire autrement que de remarquer ces petits groupes de jeunes sur le trottoir, soufflant des bouffées de fumée chaque fois que vous passez en voiture devant l'école. Vous jetez un coup d'œil à votre préado de 10 ans qui lit une BD sur la banquette arrière, et vous vous demandez s'il fera partie de ces jeunes fumeurs dans quelques années.

Alcool, cigarette et drogue. Tout comme le fait remarquer Katie Kidd, coordonnatrice d'un programme visant la prévention et le traitement de la consommation d'alcool et de drogues: «Ce n'est pas une question de savoir *si* votre enfant sera exposé à ces choses ou s'il s'en fera offrir. *C'est inévitable.* Vous ne pouvez pas les éviter ou protéger votre enfant contre elles. Tout ce que vous pouvez faire, c'est le préparer.»

Certains enfants considèrent ces substances défendues comme une voie d'accès à la maturité. «C'est une période de grande vulnérabilité, explique Cheryl Moyer de la Société canadienne du cancer. Nous savons que la période critique se situe lorsque les enfants terminent l'école secondaire. Ils veulent paraître adultes, et il semble que le fait de fumer leur donne cette impression.»

Pour plusieurs filles, en plus de vouloir paraître à la mode, c'est aussi pour maigrir qu'elles commencent à fumer. Audrey, qui a maintenant 17 ans, a commencé à fumer il y a cinq ans. «Je prenais du poids et mes amies m'ont dit que si je fumais, je maigrirais. Et c'est vrai. Si j'ai faim, au lieu de manger, je grille une cigarette.»

Peu de parents s'accommodent de l'idée que leur préado ou leur jeune ado prend des drogues douces. Mais comment l'en dissuader? Les promotions sur les risques du tabac, de l'alcool et des drogues sont rarement efficaces, et peuvent même avoir l'effet contraire selon Peter Cowden, professeur adjoint en psychologie scolaire (Niagara University, New York). «Pour certains enfants, les dangers liés aux drogues ajoutent à leur attrait. Ils veulent vivre dangereusement. Ils veulent avoir des sensations fortes, prendre des risques.» Et, comme le souligne Cheryl Moyer: «Les préadolescents et les adolescents ne sont pas vraiment sensibles aux risques à long terme. Le cancer des poumons et les maladies cardiaques semblent beaucoup trop loin et hypothétiques pour une jeune personne en pleine santé.»

Pour d'autres enfants, ces substances sont plutôt des moyens qu'ils utilisent pour tenter de soulager leurs souffrances émotives. Au Québec, un programme de prévention à l'intention des écoliers du primaire appelé *Je réfléchis avant d'agir* a été lancé par la Sûreté du Québec afin de contrer la drogue et la violence en général chez les jeunes. Une vidéocassette est présentée par un policier qui discute ensuite avec les enfants. Peter Cowden prévient toutefois que le fait «d'instruire simplement les enfants des dangers des drogues ne préviendra pas ou n'arrêtera pas leur consommation. Ce n'est pas suffisant.» Il fait remarquer que huit recherches ont démontré que de tels programmes, offerts dans plusieurs écoles à travers les États-Unis et le Canada, n'étaient tout simplement pas efficaces. Tandis que les jeunes qui avaient suivi les programmes étaient plus informés, ils consommaient autant de ces drogues que ceux qui ne suivaient pas les programmes.

La meilleure protection contre la consommation abusive de drogues, qu'il s'agisse de marijuana, d'alcool ou de tabac, réside dans l'influence des parents, souligne Katie Kidd. «Les parents croient souvent qu'ils n'ont aucune influence sur leurs enfants, mais ce n'est pas vrai. Ils ne devraient jamais douter de l'importance qu'ils ont pour leurs enfants, même si ceux-ci sont presque des adolescents.»

Peter Cowden encourage les parents inquiets au sujet de leurs préadolescents à mettre l'accent sur ces points importants de leur rôle parental:

Regardez le genre d'exemple que vous donnez. Le tabac et l'alcool sont les drogues les plus souvent consommées par les adolescents, et la plupart du temps utilisées par leurs parents. Si vous buvez, le faites-vous de façon responsable? Cheryl Moyer souligne que, d'après les statistiques, les enfants de fumeurs ont beaucoup plus de chances de fumer, eux aussi. Elle suggère aux parents de ne pas fumer chez vous, même si vous êtes fumeur. Si vous vous donnez du mal pour protéger vos enfants contre la fumée secondaire, cela renforcera leur conviction que vous croyez que les cigarettes sont dangereuses. Les enfants interviewés ajoutent qu'il est important d'expliquer que le recours à une boisson alcoolisée ou à un médicament n'est pas une bonne façon de résoudre un problème.

Aidez votre enfant à se sentir aimé et respecté. Votre enfant peut vivre beaucoup de stress, surtout à l'aube de la puberté. Son indépendance grandissante ne fait pas disparaître son besoin de soutien de la part de ses parents. «Les enfants apprennent à se traiter, eux et leur corps, avec respect lorsque leurs parents les considèrent avec respect. Cela semble bien simple, mais pour plusieurs, c'est très difficile à faire», explique Peter Cowden. Cheryl Moyer ajoute que dans ses groupes de discussion, elle a été surprise de voir à quel point les opinions des parents étaient importantes pour les adolescents et les préadolescents.

Aidez votre enfant à socialiser. Les enfants qui participent à plusieurs activités ont l'occasion d'apprendre à connaître plus de gens et à devenir sûrs d'eux. Ils ont moins besoin d'avoir recours aux drogues pour s'amuser. Katie Kidd ajoute: «Les enfants qui ont un mode de vie passif, qui font une "surconsommation" de films, de télévision et de jeux vidéos ont plus de risques de consommer des drogues ou de l'alcool. Les enfants ont besoin de participer à des activités comme les sports, la musique et la danse. Aidez-les à se découvrir une passion.»

Encouragez votre enfant à rendre service aux autres. Selon Peter Cowden, c'est un excellent moyen de rehausser l'estime de soi. «Lorsque les enfants font des choses pour les autres, ils se sentent valorisés.»

Peter Cowden croit qu'il peut être utile de communiquer des renseignements réalistes sur les dangers des drogues en général, de la caféine à la nicotine, en passant par l'alcool, les stéroïdes et le PCP (phencyclidine). Mais il ajoute que la connaissance des risques inhérents à la consommation de drogues n'empêche pas les enfants d'abuser des drogues: «Les petites choses de tous les jours que vous faites pour que votre enfant se sente valorisé et aimé sont beaucoup plus importantes que n'importe quel discours sur les torts causés par les drogues.»

Faire une plus grande place à la prévention

La philosophie du Lions-Quest Québec est de promouvoir l'éducation positive des enfants et d'encourager le développement du sens des responsabilités chez les jeunes pour leur donner les outils nécessaires à une vie riche et remplie. Le Lions-Quest Québec offre un programme spécifique appelé *Clefs pour l'adolescence* aux jeunes de sixième année et des secondaires un et deux et qui montre aux enfants, entre autres, comment et pourquoi dire non aux drogues, à l'alcool et au tabac, par le biais d'ateliers de formation offerts par les milieux scolaires participants.

Selon Fay Anonthysene, la secrétaire de ce programme en Ontario, les avantages vont au-delà de la prévention de la consommation de drogues. Un sondage réalisé à travers le Canada dans 500 écoles qui utilisent ce type de programme, a révélé que 95% des élèves ont vu une amélioration dans leur façon de résoudre des problèmes et 77% ont souligné une diminution des problèmes de discipline.

Ce genre de programme fera-t-il diminuer le nombre de jeunes qui consomment des drogues? Nous ne pouvons pas en être certains. Il semble, cependant, que des enfants capables de prendre de bonnes décisions, de résoudre des problèmes de façon créative et de faire montre d'autodiscipline seront moins vulnérables aux pressions négatives de toutes sortes.

Un coup d'œil au miroir

Préparez-vous, parce que ça s'en vient:

«Alors, maman, as-tu déjà fumé un joint?»

«Est-ce que les jeunes buvaient dans les *parties* lorsque tu étais au secondaire?»

Faut-il être honnête ou rester évasif? Lorsque Charlene Giannetti et Margaret Sagarese ont réuni un groupe de parents pour préparer leur livre, *The Roller-Coaster Years*, 98% ont répondu qu'ils donneraient à leurs enfants des réponses honnêtes sur leur passé. Les auteurs se demandent toutefois si l'honnêteté est toujours la meilleure politique à suivre. Voici certaines de leurs interrogations:

- Mon enfant qualifiera-t-il d'hypocrites mes tentatives de le dissuader de faire ce que j'ai fait?
- Est-ce que le fait d'admettre mes écarts de conduite lui donnera une approbation tacite pour répéter ce comportement?
- Les enfants apprennent-ils réellement des erreurs de leurs parents?
- Est-ce qu'en mentant, je perds toute crédibilité et confiance auprès de mon enfant?

Personne ne peut vous dire quoi penser de tout cela, mais les auteurs vous suggèrent d'être honnête sans pour cela aller à l'extrême et dire «absolument tout». Vous pouvez garder certaines parties de votre passé secrètes (du moins jusqu'à ce que votre enfant soit plus vieux), tout comme vous gardez secrets certains aspects de votre vie personnelle.

Les parents sont si embarrassants!

«Je veux aller voir ce nouveau film avec mes amis, annonce Guillaume, 12 ans. Est-ce que tu peux nous conduire?» «Justement, c'est un film que je voulais voir, moi aussi. J'irai peut-être avec vous.»

Guillaume est horrifié. «Tu ne peux pas venir avec nous! Tu ne *peux* pas. Amène-nous et nous t'appellerons quand ce sera fini.»

Tandis qu'il quitte la pièce d'un pas lourd, son père, troublé, se tourne vers sa femme: «Quand arrêtons-nous d'être super et devenons-nous des parias?»

Aucun parent n'est à l'abri de cela. À un moment, votre tout-petit est constamment suspendu à vos basques, refusant même de vous laisser aller seul aux toilettes, et l'instant d'après, il ne veut pas être vu en votre compagnie.

L'éducatrice Dianne Banks (Oakville, Ontario) conseille: «La première chose que les parents devraient savoir, c'est qu'ils ne devraient pas se sentir visés. Ce n'est pas eux qui sont en cause; il s'agit plutôt d'une étape du développement de l'enfant.»

Les enfants qui se dirigent vers l'adolescence (et cette étape peut commencer aussi tôt que 11-12 ans) commencent déjà à prendre les moyens pour établir leur propre indépendance. Le parent qui était perçu comme quelqu'un de merveilleux, qui connaissait tout, est maintenant sujet à un examen plus serré, et même les plus petits défauts deviennent des tares monumentales qui causent à l'enfant un vif embarras. Et comme l'opinion de ses amis et de ses pairs est de plus en plus importante pour lui, il s'inquiète de l'impression que leur feront ses parents.

Dianne Banks se souvient d'enfants qui étaient très fâchés parce que leur père allait au magasin en habit de travail (salopette de mécanicien). «Ils ne l'accompagnaient même pas, mais ils avaient peur que leurs amis le voient ainsi vêtu et reconnaissent leur père.» Bien des mères ont été offensées de voir leur garde-robe entière qualifiée d'«épouvantable» par leur préadolescente qui venait tout juste de découvrir la mode (cette même enfant qui avait passé dix ans à porter des sweat-shirts et des pantalons crasseux et mal agencés).

«Essayez de vous souvenir ce que vous ressentiez à cet âge, dit Dianne Bank, et vous constaterez probablement que vous pensiez un peu la même chose. Ne trouviez-vous pas que vos parents portaient des vêtements bizarres, qu'ils conduisaient des voitures "de vieux pépères" et vous traitaient comme un bébé devant vos amis?»

D'autres facteurs peuvent encore venir compliquer cette étape. Lorsque Chantal a épousé Michel Frégault, sa fille, Elsa, avait 11 ans. Michel voulait à tout prix établir une bonne relation d'amitié avec Elsa, mais elle se sentait embarrassée par lui.

«Elle disait qu'elle détestait ça quand je la conduisais à l'école et lui donnais un bisou devant les autres enfants. Elle disait qu'ils se moquaient d'elle. Je n'ai jamais eu d'enfant avant. Je ne savais pas que cela pouvait être gênant pour une enfant de 11 ans. J'ai donc arrêté de l'embrasser en public», raconte Michel.

Michel a trouvé que c'était un âge difficile pour établir une nouvelle relation d'amitié. La réaction de sa belle-fille pouvait aussi bien découler de l'adaptation à leur nouvelle situation familiale que de l'étape particulière de son propre développement. Mais même les parents qui sont avec leurs enfants depuis la naissance trouvent qu'ils font face à bien des changements tandis que leur progéniture se dirige vers la puberté et au-delà. «Les parents disent que le corps de leur enfant est habité par un extraterrestre», raconte Dianne Banks. Tandis qu'ils étaient autrefois capables de prédire le comportement de leur enfant, ils sont maintenant souvent pris au dépourvu. De nouveau, Dianne Banks rappelle aux parents que ces changements sont normaux dans le processus de croissance.

Alors, que faire avec un enfant qui ne veut pas être vu en votre compagnie?

«Vous devez respecter ses sentiments, affirme Dianne Banks. Ne le serrez pas dans vos bras et ne l'embrassez pas devant ses amis s'il vous demande de ne pas le faire, et ne le réprimandez pas devant les autres enfants.» Déposer l'enfant à un coin de rue de l'école (plutôt que devant) est une autre requête qui peut facilement être satisfaite.

Leurs récriminations ne devraient pas être prises, non plus, comme des attaques personnelles. Votre préadolescent n'est pas obligé d'aimer votre nouvelle coupe de cheveux ou d'approuver vos choix musicaux. «Continuez à être vous-même et à avoir vos propres valeurs, dit Dianne Banks. Ne laissez pas ces remarques vous blesser, parce qu'elles ne vous sont pas vraiment destinées. Prenez simplement du recul et ne vous sentez pas concerné émotivement.»

Elle rappelle que les parents qui tentent de se vêtir et d'agir comme les adolescents font une erreur et qu'il est peu probable qu'ils obtiennent l'approbation de leurs enfants, de toute façon. «Votre enfant n'a pas besoin d'un ami de 40 ans qui fait semblant d'en avoir 15. Il a besoin d'un parent amical qui est bien dans sa peau.»

Si vous entretenez une bonne relation d'amitié avec votre enfant, cette étape un peu difficile sera probablement intermittente et temporaire. Un jour, votre fils sera humilié parce que vous avez conduit ses amis en voiture «en écoutant de l'opéra à la radio, comment as-tu osé?», et une semaine plus tard, il peut inviter fièrement ces mêmes amis à venir goûter les biscuits que vous avez faits.

Comme Dianne Banks le conseille: «Continuez à vous dire que cela devrait passer.» Et ça passera effectivement – mais ça peut prendre quelques années encore.

exemple

Et maintenant, qui est embarrassé?

Si les enfants sont facilement embarrassés par leurs parents, l'inverse est aussi vrai, du moins de temps à autre.

- «Je lui ai donné la permission d'acheter un tee-shirt portant le nom de son groupe préféré. C'est un coup de fil de l'école qui m'a appris qu'il y avait un mot grossier d'inscrit au dos. Mon fils sortait de la maison avec un coton ouaté par-dessus afin que je ne m'en rende pas compte.»
- «Amélie et son amie se sont mises à pouffer de rire au restaurant où je les avais amenées et elles ne pouvaient, ou ne voulaient, pas s'arrêter. Cela a duré si longtemps et elles étaient si bruyantes que j'ai pris mon assiette et je me suis installée à une autre table.»
- «J'ai demandé à Mario de débarrasser la table lorsque nous avons rendu visite à ma mère et il m'a regardée d'un

air offusqué en répondant: "Pourquoi je le ferais?" Ma mère était choquée (dans notre famille, nous apprenions dès notre plus jeune âge qu'il fallait respecter les bonnes manières quand nous allions chez les gens) et j'étais morte de honte, même si, à la maison, ça n'aurait pas été si grave que ça.»

Il n'y a pas de recette infaillible. Les enfants n'agiront ou ne paraîtront pas toujours comme nous l'aimerions, et parfois, ce sera embarrassant, un point c'est tout. C'est un bon moment pour vous répéter: «Mon enfant est une personne en soi, et pas le prolongement de moi-même.»

Bien entendu, si quelque chose vous ennuie vraiment, vous pouvez chercher une occasion de marchander: «Non, Marianne, je ne crois pas que je sois obligée de rouler mes manches comme cela. Je vais te dire: je les roulerai lorsque je sortirai avec toi si tu ne mâches pas cette grosse boule de gomme.»

Les plaisirs de la préadolescence
du jeu à la musique pop

Quand vient le temps de jouer, votre préadolescent sait comment y faire. Sa coordination et ses habiletés croissantes lui donnent toutes sortes de possibilités: jouer au ping-pong ou faire de la plongée avec un tuba, jouer aux échecs ou aux charades, etc. Il passe facilement d'un jeu d'imagination à un jeu électronique sophistiqué, d'un jeu actif (patin à roues alignées) à un travail minutieux (bricolage ou maquette à monter). C'est aussi un âge merveilleux pour les parents, car il y a maintenant beaucoup d'activités que vous pouvez faire ensemble: une randonnée à vélo ou en ski de fond, jouer au jeu du dictionnaire ou aux cartes sur un pied d'égalité, regarder un film qui vous intéresse tous les deux. Ne manquez pas cette chance que vous avez de partager vos «loisirs». Non seulement vous en tirerez beaucoup de plaisir, mais vous renforcerez le lien d'amitié qui existe entre vous et votre enfant.

Tandis que les enfants se dirigent vers l'adolescence, leurs heures de loisir prennent une nouvelle tournure. Les jouets et les jeux sont remplacés par des intérêts nouveaux, plus sophistiqués, par exemple la musique pop, la mode, les jeux électroniques ou les compétitions athlétiques.

Surtout, ne videz pas tout de suite l'armoire à jouets. Cette même enfant de 12 ans qui fait des remarques désobligeantes à sa petite sœur parce qu'«elle joue encore à la poupée» peut très bien ressortir ses vieilles Barbie le soir, dans l'intimité de sa chambre. Entre-temps, son frère jumeau passera un agréable moment à jouer avec les figurines de son petit cousin qu'il ne toucherait pas pour tout l'or du monde en présence de ses amis. La possibilité de jouer de nouveau avec ces jouets et ces jeux plus enfantins procure «un relâchement de la pression exercée par le fait que l'on grandisse tout le temps», explique un enfant de 10 ans.

Les règles de la culture pop
apprivoiser la culture des jeunes

«Camille mange, vit et respire avec son idole du moment, un acteur à la mode, raconte Mylène Caron au sujet de sa fille de 12 ans. Les murs de sa chambre sont couverts de photos et d'affiches de cet acteur. Elle parle de lui tout le temps. Elle vérifie sur Internet s'il a un site Web et envoie des courriels à d'autres jeunes qui sont aussi obsédés par lui qu'elle peut l'être. Je dois admettre que j'en ai jusque-là!»

Les fils de Sandra Rougeaud, Benoît (11 ans) et Adam (9 ans) ont une obsession différente: les matches de lutte. «Ils adorent ça et moi, je ne peux pas supporter. C'est truqué et tellement violent! Je n'arrive pas à croire que ça n'a pas une mauvaise influence sur eux, mais ils en raffolent. Lorsqu'ils ne regardent pas les matches, ils jouent à faire semblant de lutter avec leurs figurines.»

Si vous ne connaissez pas les jeunes acteurs vedette ou si vous n'avez jamais regardé un match de lutte, n'en soyez pas embarrassé. Vous êtes un adulte typique. Votre enfant et ses amis ont peut-être un engouement pour une autre partie de la culture populaire qui vous déroute totalement, et vous inquiète vaguement, tout comme Mylène et Sandra. Vous les surprenez au téléphone en train de raconter le dernier film ou de parler de la nouvelle émission de télévision avec des détails fastidieux ou vous les voyez sur le trottoir échanger les derniers potins sur les groupes pop de l'heure et vous vous demandez, comme vos parents l'ont fait avant vous, si le cerveau de votre enfant n'est pas en train de se transformer en bouillie. Où est donc passée cette époque où il s'intéressait tant aux dinosaures?

«Je crois que le besoin qu'ont les enfants d'avoir leur propre culture et d'aimer des choses que leurs parents n'aiment pas existe depuis des lustres, dit Mylène. Je me souviens des filles qui allaient voir les Beatles et qui hurlaient et s'évanouissaient. Je n'étais pas si obsédée, mais j'aimais les Beatles et mes parents ne les aimaient pas, eux.»

Sur certains points, il est probablement plus difficile, de nos jours pour les enfants, de trouver une façon d'exprimer leurs différences d'avec leurs parents. Le jeune de 12 ans qui annonce qu'il aime Our Lady Peace peut être consterné de découvrir que ses parents sont aussi des fans et sont heureux de lui en apprendre en matière de chansons. («Savais-tu que la chanson *Julia* parlait de la mère de John Lennon?») Bien remis à sa place, le jeune qui se voulait *cool*! Ou le jeune qui adore les *Simpsons* parce qu'on y suggère que l'autorité, c'est de la connerie, jusqu'à ce qu'il se rende compte qu'il rit des mêmes blagues que ses parents. Le résultat? Ces jeunes peuvent se sentir obligés d'aller un peu plus loin pour trouver un aspect de la culture populaire qu'ils pourront s'approprier. (Pour en savoir plus à ce sujet, consultez le texte «Un équilibre délicat: la réaction des parents», p. 148.)

Ou ils peuvent, sans s'éloigner de la maison, choisir quelque chose qui rend leurs parents dingues. La voisine de Sandra, une féministe engagée, n'en revenait pas quand sa fille de 11 ans a été séduite par les concours de beauté et s'est mise à passer des heures à parler fond de teint et mode avec ses amies. «Tout ça allait tellement à l'encontre des valeurs de sa mère», remarque Sandra.

«Je crois qu'il suffit d'interdire quelque chose, qu'il s'agisse de la lutte, des films violents, des vidéos de musique ou des concours de beauté, pour que ça devienne automatiquement plus séduisant aux yeux des enfants, explique Sandra. N'oubliez pas, cependant, que vous êtes toujours le parent. Vous pouvez établir des limites.»

Par exemple, Sandra permet à Benoît et à Adam deux heures de télévision par jour. Ainsi, ça les empêche de faire une «surconsommation» de lutte ou de vidéoclips (un autre type d'émissions qu'ils aiment bien regarder). Mylène Caron tente aussi de limiter sa fille Camille dans son obsession. «Elle passait des heures à converser avec d'autres fans sur Internet ou à consulter encore et encore le site Web. J'ai donc dû lui imposer une limite de temps.»

Comme l'explique Nicole Nadeau dans son article intitulé «Démodé, le conflit des générations?» (*Le Magazine Enfants Québec*, avril-mai 1999), «... le conflit des générations existe et n'est pas près de disparaître, car il est porteur d'une double nécessité: se différencier des parents et se structurer en tant qu'individu.» La pédopsychiatre souligne que le jugement de l'enfant, qui devient plus critique à cet âge, est nécessaire à son évolution et à son émancipation. «Il ira chercher ailleurs ce qui ne peut lui être entièrement fourni par ses parents; cette quête contribuera à enrichir sa personnalité et son expérience de la vie.»

En essayant de comprendre la fascination de votre préadolescent pour des choses qui ne vous attirent absolument pas, vous serez peut-être plus tolérant envers ses choix. «Lorsque je regarde mes garçons jouer avec leurs figurines de lutteurs, si je réussis à oublier le côté violent de ce sport, je peux voir comment ils encouragent le bon et triomphent du mauvais», raconte Sandra Rougeaud.

Pour beaucoup d'enfants, la culture pop est aussi une façon d'être de leur époque et d'avoir des sujets de discussion avec leurs pairs. À la manière des adultes, qui engagent une conversation avec un commentaire au sujet de la partie de hockey de la veille ou du dernier épisode de *La petite vie*. Donc, les enfants établissent des rapports entre eux dans le cadre de leur propre culture. À un âge où les cercles sociaux et la pression sociale se développent sans cesse (et quand les garçons et les filles apprennent à communiquer entre eux d'une nouvelle manière), être capable de participer à une conversation sur le dernier épisode de l'émission de télé à la mode ou du dernier CD au palmarès, c'est être sur son terrain.

«Je crois que la chose la plus importante est de prendre une certaine distance par rapport à tout cela. Je sais qu'un jour, son idole n'aura plus la même importance dans la vie de Camille. J'espère seulement que ce jour arrivera bientôt!» soupire Mylène.

Un équilibre délicat: la réaction des parents

Que nous les aimions ou que nous les détestions, lorsque nous réagissons aux passions de nos enfants pour la culture pop, nous devons aussi garder à l'esprit qu'un adolescent a besoin de respect, d'indépendance et, oui, de conseils parentaux. C'est un équilibre difficile à atteindre. Voyons quelques exemples.

Maxime, 12 ans, est un fan de Nirvana. Il apprend la guitare et aime jouer tout en écoutant le CD de ce groupe. Son père, voulant encourager les intérêts de son fils, l'a aidé à trouver les partitions de ses chansons préférées et lui a apporté la biographie du groupe. Tout cela est très bien, mais ensuite, il s'est mis à apprendre les chansons lui aussi et, en peu de temps, il en savait davantage que son fils sur le groupe. Maxime a alors mystérieusement perdu tout intérêt pour Nirvana, et a annoncé qu'il était devenu un fan de Death Metal.

Stéphanie (11 ans) supplie ses parents de la laisser regarder un dessin animé qu'ils n'approuvent pas vraiment. Ils le lui interdisent pendant un certain temps, jusqu'à ce qu'ils se rendent compte que, de toute façon, elle regarde les émissions chez son amie qui les enregistre toutes. Ils ont donc décidé de regarder ce dessin animé avec elle et de l'«éduquer» sur ce qu'ils trouvaient choquant. Après quelques semaines, Stéphanie a recommencé à regarder l'émission chez son amie en disant à ses parents: «Je ne veux plus la regarder avec vous, vous ne faites que la critiquer!»

Devrions-nous, alors, ne jamais participer aux intérêts de nos enfants ou discuter de nos préoccupations? Bien sûr que non!

Un intérêt partagé peut resserrer les liens avec vos enfants: Xavier, 10 ans, et sa mère sont tous deux des fans de *Star Wars*, par exemple. Et Xavier apprécie vraiment les moments qu'ils passent à lire les romans ensemble ou à se poser l'un l'autre des questions tirées d'un livre sur Star Wars, pendant les balades en voiture. Mais nous devons être conscient que, rendus à un certain âge, les enfants on besoin d'avoir des intérêts bien à eux, et nous devons être à l'affût des signes qui nous feront voir que nous empiétons sur eux.

De même, il est important d'établir des limites raisonnables et de discuter de nos inquiétudes au sujet de certains aspects de la culture pop qui nous mettent mal à l'aise. Les

enfants doivent savoir que vous condamnez les messages racistes ou sexistes des vidéoclips, ou que la valorisation de la
violence dans certains films vous déplaît. Mais n'oubliez pas
que nos enfants méritent le même respect que nous envers
ce qu'ils aiment et ce qu'ils n'aiment pas, et si nous décidons
de leur permettre de regarder un spectacle ou de participer
à un événement (même si nous avons des réticences à ce
sujet), alors nous devrions leur faire la politesse de leur permettre d'en profiter au maximum.

Les engouements,
les modes et les passions

À 10 ans, mon fils Daniel insistait pour avoir le logo ou la photo des Blue Jays de Toronto sur tout ce qu'il portait. Maintenant, il est «trop vieux» pour ça, et il veut des vêtements plus sophistiqués (les tee-shirts Nike ou Tommy Hilfiger sont très populaires). Il a échangé le confortable pantalon de survêtement qu'il portait contre un jean qui lui tient tout juste sur les hanches tant il est grand.

Mes deux garçons tiennent fermement à suivre la mode des casquettes. Chaque soir, lorsqu'ils se couchent, la casquette du jour est soigneusement posée sur la tête du lit, par-dessus les autres casquettes. Le lendemain matin, une nouvelle casquette sera choisie avec autant de soin. Ils les portent à l'intérieur, à l'extérieur, à l'école – bien que certains professeurs demandent de les retirer en classe – et, bien entendu, au jeu.

Lorsque les enfants deviennent des préadolescents, suivre le dernier engouement et la toute dernière mode s'avère soudain d'une importance capitale. Quel choc quand un enfant refuse brusquement de mettre tout ce qui n'est pas approuvé par ses pairs, alors que jusque là, il ne s'en préoccupait pas ou portait ce que vous lui achetiez. Les parents sont souvent inquiets par le coût des vêtements à la mode (l'article le plus populaire est immanquablement celui qui est le plus cher) et par le fait que leurs enfants cherchent à tout prix à «faire partie de la bande».

D'autres parents trouvent qu'il est très stressant de regarder leurs enfants commencer à choisir eux-mêmes ce qu'ils vont porter. Ils peuvent avoir l'impression de perdre le contrôle. «Le *look* préféré de Nina ressemble aux pires tenues vestimentaires des années 1970 que l'on voit sur des photos: chaussures plate-forme, pantalon à pattes d'éléphant qui repose sur les hanches et tee-shirt moulant ultra-court. Je suis désolée, mais ça me gêne quand elle s'habille comme ça pour aller à l'école», se lamente sa mère. Si cette scène vous semble familière, essayez de ne pas considérer les choix vestimentaires ou de coiffure de votre jeune comme un rejet personnel ou une atteinte à vos goûts. Votre préadolescente a besoin de sentir qu'elle peut être elle-même, et c'est un moyen d'y parvenir.

L'éducatrice Dianne Banks (Oakville, Ontario) souligne: «Les parents devraient se souvenir qu'il est très important pour les enfants de cet âge de ressembler à leurs amis. Vous pouvez trouver que leurs vêtements ne sont pas très attrayants, mais si tous leurs amis en portent des semblables, il est très important pour eux de faire de même.»

Bien entendu, il n'est pas toujours possible d'acheter à votre enfant *le* vêtement à la mode. «Si c'est quelque chose que votre enfant désire vraiment, mais qui dépasse votre budget, dites-lui bien que vous aimeriez beaucoup le lui acheter, mais que vous n'en avez pas les moyens. Vous pouvez peut-être trouver une façon pour que votre jeune gagne un peu d'argent ou encore le lui offrir en cadeau d'anniversaire», suggère Dianne Banks.

Bien souvent, il est plus important d'avoir quelques vêtements vraiment à la mode que d'en avoir beaucoup. Daniel, par exemple, a décidé qu'il préférait avoir deux jeans (qu'il lave souvent) plutôt que six pantalons de survêtement qui coûteraient la même chose en bout de ligne. (Vous voyez comment un préadolescent peut être raisonnable quand il le veut!) D'autres enfants se limitent à porter toujours les mêmes deux ensembles qu'ils préfèrent ou qu'ils viennent d'acheter, même si leur penderie déborde de vêtements de toutes sortes.

Le fond de teint, les bijoux et les coupes de cheveux ont aussi de l'importance à cet âge, surtout (mais pas exclusivement) chez les filles. «À un certain moment, dans la classe de mon fils, c'était la mode de se teindre les cheveux, se souvient un père désabusé. Les filles semblaient privilégier le noir et les garçons, y compris mon fils, des mèches de couleur. Ils avaient tous l'air épouvantables. Je me suis dit que ce n'était rien d'irrévocable. En fait, les cheveux de mon fils sont vite revenus à leur couleur normale et il ne s'est pas soucié de les teindre de nouveau, c'était tout simplement amusant sur le coup.»

Tandis que les préoccupations en matière d'engouements, de modes et d'appartenance au groupe sont une étape normale, quelques parents s'inquiètent parce que leurs enfants ne s'y intéressent pas. La fille de Suzanne St-Pierre, Marie (11 ans) est bien différente de la plupart de ses amies, car elle ne s'intéresse ni aux vêtements ni à la mode. «Marie joue au hockey et au soccer. Elle adore les sports. Je pense qu'elle se préoccupe davantage du confort de ses vêtements que de leur apparence, explique Suzanne. Lorsque je jette ses vieux souliers de course, elle va les rechercher parce qu'elle les trouve plus confortables que les nouveaux.»

Dianne Banks rassure les parents qui vivent ce genre de situation: «C'est bien d'encourager l'enfant qui veut se conformer à la façon de se vêtir des membres de son groupe en portant des vêtements qui sont à la mode, mais nous devons aussi faire savoir à nos enfants qu'ils peuvent être différents.»

Et, bien entendu, les intérêts de Marie peuvent changer avec l'âge. Dans quelques années, elle pourra se sentir comme Sandrine Bisson (11 ans): «Ma mère me dit toujours: "Pourquoi te faut-il absolument cette chemise? Pourquoi n'aimes-tu pas celle-là?" Mais si vous ne portez pas les bons vêtements et accessoires, les autres se moquent de vous. Si je portais les vêtements que ma mère aime, je n'oserais même pas aller à l'école. Ce serait trop gênant.»

Vos quelques premières expériences avec votre enfant qui est à la recherche des bons «trucs» sont loin d'être les dernières. En fait, avec l'adolescence qui pointe à l'horizon, ce n'est probablement que le commencement. Si vous vous sentez exaspéré, souvenez-vous de vos préoccupations à son âge, et l'importance qu'avaient pour vous la mode et les amis, que cette mode ait été une salopette avec une chemise à carreaux, un *look* BCBG ou quelque chose entre les deux. Vous comprendrez peut-être alors toute l'importance que peut prendre la bonne coupe de cheveux.

Le *body piercing* et les tatouages

Le pantalon ample qui tombe sur les hanches laissant voir le caleçon à la taille? Cela a l'air idiot, mais vous pouvez l'accepter. Les cheveux noirs jais, coupés court avec des mèches qui pendent? Vous pouvez le tolérer. Un petit haut vert lime avec une minijupe en vinyle noire? Ça passe, mais de justesse. Un anneau dans le nombril et un tatouage de papillon? Un instant!

Même les parents les plus tolérants auront des réticences à l'idée d'un tatouage permanent. Et malgré les vives protestations de votre enfant, vous avez raison d'en avoir. Voici, par exemple, ce que dit le Dr Laura Walther Nathanson, pédiatre et auteur d'un guide de pédiatrie, au sujet du *body piercing*:

«Se faire percer les oreilles est bien différent et moins risqué que de se faire percer d'autres parties du corps. Premièrement, le lobe d'oreille est mou et vos oreilles sont une partie externe de votre corps. Si le lobe de votre oreille s'infecte, il est facile de voir ce qui se passe et de soigner l'infection. Mais les parties dures de vos oreilles et vos narines sont faites de cartilage. Si vous percez le cartilage et qu'il s'infecte, l'infection peut être sérieuse, détruire le cartilage et laisser un gros trou à la place. Ce trou n'est ni facile à réparer ni bien joli à voir.»

Les tatouages sont permanents et les enfants de 12 ans n'ont pas la perspective suffisante pour savoir s'ils apprécieront toujours leur peau décorée dans une dizaine d'années. (Il est possible d'effacer les tatouages soit par laser, soit par greffe épidermique, mais le procédé n'est pas simple et reste très coûteux.)

Lorsque les aiguilles utilisées pour faire les tatouages ou percer le corps ne sont pas stérilisées, il y a un risque de contracter l'hépatite B ou même le sida. Avant d'accepter que l'on commence quelque procédure que ce soit, vous devriez être convaincu que les aiguilles sont neuves ou (pour les tatouages) stérilisées à l'autoclave.

Compte tenu des conséquences possibles à long terme, vous avez toutes les raisons de refuser que votre enfant se fasse percer quelque partie du corps, jusqu'à ce qu'il soit suffisamment vieux pour prendre l'entière responsabilité de sa santé. Mais assurez-vous que votre inquiétude est justifiée, et exposez clairement les raisons de votre refus. Votre enfant acceptera sans doute mieux votre position s'il sait pourquoi vous acceptez un trou dans une oreille et pas deux!

Bienvenue dans le cyberespace
les jeunes et Internet

Lorsque Rébecca, 11 ans, a finalement réussi à persuader sa mère d'avoir un chien, elle a fait des recherches sur les différentes races. Elles se sont mises d'accord sur un épagneul breton et Cachemire est vite devenue un membre de la famille. Il n'y avait qu'un problème, se souvient Rébecca: «Elle ne venait pas quand on l'appelait.» Cachemire a finalement perdu sa mauvaise habitude, grâce aux judicieux conseils que Rébecca a obtenus sur Internet.

Rébecca, maintenant âgée de 12 ans, vit en Nouvelle-Zélande. Comment se fait-il que je connaisse son histoire? Parce que nous avions, nous aussi, un chiot épagneul breton et que, grâce à l'informatique, Rébecca et moi sommes devenues amies.

Cette histoire montre bien les possibilités à la fois merveilleuses et inquiétantes qui s'offrent aux enfants qui explorent l'inforoute. Les messages que Rébecca a lus sont, en fait, ceux d'un groupe de discussions, une source de bons conseils sur le dressage des chiens. La communication est parfois gâchée par des querelles internes désagréables (un déluge d'insultes en réponse à un envoi) et par une personne qui déteste les chiens et qui, périodiquement, envoie des réponses horribles à des questions bien innocentes («Toi, espèce d'imbécile, je vais te dire comment faire taire ton foutu chien. Prends une barre de fer et donne-lui un bon coup»).

Le courriel est un autre guêpier. Toute ma famille aimait lire les lettres de Rébecca, et il existe des sites Internet pour aider les enfants à trouver des «cyberamis» qui partagent les mêmes intérêts ou vivent dans d'autres pays. Qu'est-ce qui pourrait être plus amusant et éducatif? Mais les enfants qui échangent leur adresse électronique deviennent aussi vulnérables. Aimeriez-vous que votre enfant reçoive un message de monsieur «barre de fer»?

Internet est un nouveau média pour les familles, et il a été annoncé avec enthousiasme, grand battage publicitaire et mises en garde. Si la valeur éducative d'Internet a été exagérée, les dangers qu'il représentait l'ont aussi été. Il n'en demeure pas moins qu'ils sont tous deux bien réels. Donc, lorsque la famille se branche, les parents doivent penser soigneusement à la façon dont ils pourraient aider leurs enfants à apprécier Internet et comment établir des limites sûres et raisonnables.

«Internet est un tel fouillis et est si touffu que les gens se demandent souvent: "Par où commencer?"» dit Nyla Ahmad, rédactrice et chroniqueure pour plusieurs médias canadiens. «Il y a tant de choses là-dedans, et la plupart ne sont pas vraiment intéressantes ni utiles. Les enfants commencent habituellement à chercher des sites qui sont reliés à leurs intérêts, et qui fonctionnent bien. Ils regardent aussi les sites qui concernent les sujets avec lesquels ils sont les plus familiers: sports, émissions de télévision, loisirs.»

La famille de Damien Duchesne est branchée à Internet depuis environ un an et Damien (11 ans) a la permission de l'utiliser quand son père n'en a pas besoin. Comment a-t-il commencé? «Mon père m'a montré comment me servir des outils de recherche sur Internet, répond Damien, et j'ai tout

simplement regardé les sujets qui m'intéressaient.» Tout en
expliquant, il me fait une démonstration et me fait visiter un
de ses sites préférés, une page de George Lucas remplie de
produits et babioles sur *Star Wars*. «Ils ont dû la mettre à
jour, remarque-t-il, en balayant l'écran pour trouver le lien
qu'il cherche, parce que, la dernière fois que j'ai visité ce
site, c'était totalement différent.» Tandis que Damien essaie
d'autres possibilités (menant toutes à des culs-de-sac), je lui
demande s'il n'est pas parfois frustré par les pépins et les re-
tards qui semblent être reliés à ce nouveau site. Il hausse les
épaules. «Parfois, les photos sont longues à télécharger ou
ça ne marche pas. Je m'en fiche pas mal. J'essaie autre
chose. C'est quand même amusant!»

Nyla Ahmad reconnaît que pour l'instant, Internet est
plus un moyen de divertissement qu'une source d'éducation. «Il est trop lourd pour l'utiliser comme outil de recherche traditionnel. Internet ne remplace pas une bibliothèque quand vient le temps de faire tes devoirs, même si tu
peux y faire un type de recherche différent, obtenir des informations à jour, et même communiquer directement avec
des experts.» Pour l'instant, même si les enfants ne font que
télécharger des jeux et lire le profil des joueurs de hockey,
observe Nyla Ahmad, ils font un apprentissage qui leur sera
utile à l'ère de l'information: «Les enfants grandissent dans
une culture "bout des doigts"; ils devront être à l'aise avec la
manipulation du matériel informatique et la sélection dans
une vaste banque d'informations en perpétuel changement.»

Nyla Ahmad note que les enfants sont rarement inti-
midés par le côté labyrinthique d'Internet et par le fait qu'ils
doivent apprendre à y naviguer sur le tas. En fait, il n'est pas
rare que les enfants plus âgés soient plus confiants et com-
pétents que leurs parents. Mais il conseille fortement aux

parents d'apprendre le minimum pour être capables de surveiller ce que font leurs enfants. «Je dirais qu'au début, il devrait toujours y avoir un parent présent. L'enfant est aux
commandes et fait ses propres choix. Vous êtes là pour discuter de ce qu'il trouve, pour établir des limites et pour expliquer.» Lorsque les enfants sont plus âgés et plus expéri-
mentés, les parents peuvent simplement jeter un œil à
l'écran de temps à autre pour voir ce qu'il y a et montrer leur
intérêt en demandant comment s'est passée la séance. Nyla
Ahmad pense tout de même qu'un parent devrait toujours
être présent lorsque les enfants visitent les groupes de discussion ou les lignes de conversation: «Les enfants peuvent
différencier les bonnes choses des mauvaises et ils apprennent ce qu'ils doivent éviter, mais vous devez les aider dans
cette démarche», insiste-t-elle.

Mais même si votre enfant fait preuve de jugement, vous
devrez instaurer une limite de temps. De longues heures
passées devant l'écran d'un ordinateur prive votre enfant du
temps dont il a besoin pour faire des jeux créatifs, de l'exercice, de la lecture ou ses devoirs. Et, contrairement à la télévision, vous devez normalement payer pour utiliser
Internet, donc, quel que soit le bloc de temps que vous avez
acheté, vous devez établir un système pour vous assurer que
vos enfants le partagent équitablement et qu'ils ne dépassent pas la limite de temps fixée par mois.

C'est tout un nouveau monde et il faut un peu de temps
pour en apprendre les rouages. Mais la plupart des familles,
en plus d'apprivoiser Internet, en apprécient les nombreuses possibilités. Donc réservez-vous un peu de temps
sur l'inforoute, et naviguez!

Naviguer sur Internet en toute sécurité

Les règles de base pour les enfants qui voyagent sur Internet pourraient être celles-ci:

- Ne jamais donner des renseignements personnels, comme l'adresse, le numéro de téléphone, le nom de l'école, et ne jamais accepter de rencontrer quelqu'un sans la permission des parents.
- Ne jamais acheter ou télécharger quoi que ce soit sans en avoir eu la permission. (Si votre enfant veut télécharger des jeux, il est sage de vous munir d'un logiciel antivirus.)
- Ne jamais envoyer de messages désagréables.
- Dès que l'on se sent mal à l'aise, à cause d'illustrations dérangeantes sur un site Web ou d'un message qui semble être personnel sur une ligne de conversation, il faut quitter immédiatement.

Suggestions de lecture

- Corinne De Vailly, *INTERNET, Pour jeunes internautes seulement*, Montréal, Éditions Logiques, 1998.

Le débat sur la lecture «trop facile»
instructive ou abrutissante?

J'ai commis mon premier et unique acte de vandalisme à l'âge de 9 ans. La cause? La collection *Les enquêtes de Nancy*. Mon amie et moi venions de découvrir *Enquêtes*, et nous avions échangé entre nous le peu de livres de cette collection que nous possédions. Nous sommes donc allées en chercher d'autres à la bibliothèque. N'en trouvant aucun, j'avais demandé l'aide de la bibliothécaire.

«Nous n'avons pas ce genre de livres, m'avait-elle répondu avec dédain. Ces livres, ça ne vaut rien!»

Eh bien, j'allais lui montrer, moi, si ça ne valait rien. Gentille et polie comme d'habitude, je m'étais installée à un pupitre dans un coin, et j'y avais gravé, dans le bois vernis, «Les bibliothécaires sont tous des snobs!».

Aujourd'hui, du haut de ma sagesse «d'adulte», je pense que «ces livres» et leurs pendants actuels (*Le livre dont vous êtes le héros*, *Le club des babysitters*, les *Chair de poule*, les *Frissons*, etc.) ne valent effectivement pas grand-chose du strict point de vue littéraire ou créatif. Les intrigues sont répétitives, remplies de stéréotypes, et le style laisse à désirer. Mais je me souviens aussi du plaisir que je prenais à les dévorer les uns après les autres et de toute l'indignation que je ressentais face à ces adultes qui dénigraient l'intérêt que je portais à ces livres.

Pourquoi les enfants aiment-ils tant ce genre de livres? Et quel mal y a-t-il à les lire?

«Je crois que nous devons admettre que ces livres ont bel et bien un rôle à jouer dans l'apprentissage de la lecture chez l'enfant», dit Phyllis Simon, ancienne bibliothécaire en littérature pour la jeunesse, aujourd'hui propriétaire de Kidsbooks, une librairie de Vancouver spécialisée dans ce domaine. «Lire n'est pas facile pour un jeune de cet âge mais, comme pour le sport, la lecture peut être améliorée par l'entraînement. La simplicité de ces livres, tant dans le style que dans le fond, que nous critiquons tant, permet aux enfants de lire avec plaisir sans avoir à se casser la tête pour essayer de comprendre l'histoire. Cela leur permet d'apprendre à lire couramment, ce dont ils ont besoin pour passer à un niveau d'écriture plus sophistiqué.»

Le problème, souligne Phyllis Simon, c'est que certains enfants ne franchissent jamais cette étape. «Les enfants dont vous vous souciez sont les lecteurs les plus faibles qui ne semblent pas intéressés à élargir leurs horizons, même après un an ou deux de familiarisation avec ces livres. À l'école, lorsque l'enfant est plus vieux, il existe une corrélation directe entre la quantité de livres qu'il a "consommée" jusque-là et le fait qu'il écrive couramment. On remarque, chez l'enfant qui lit des livres très bien écrits, un vocabulaire plus riche, une meilleure maîtrise de la syntaxe et de l'art de la narration et du dialogue. C'est comme s'il acquérait, sans s'en rendre compte, le génie de la langue.»

Donc, si votre enfant prévoit lire toute une pile de *Chair de poule* pendant ses vacances de Noël, ne vous inquiétez pas. Il découvre le plaisir de lire. Cependant, songez à ce que vous pouvez faire pour l'amener à lire des œuvres au moins un cran au-dessus.

Ne critiquez pas. «Nous lisons tous des textes faciles à un moment ou à un autre, dit Phyllis Simon. Qui sommes-nous pour dire que les enfants n'ont pas le droit ni de lire ce qui leur plaît ni d'avoir des moments de détente?» De plus, cette façon de voir peut aussi mal tourner. «Tu ne veux pas que je lise des *Chauve-souris*, très bien. Alors, je ne lirai rien du tout!»

Continuez de lire à voix haute. Ce n'est pas parce qu'un enfant a de la difficulté à lire un livre qu'il ne peut pas le comprendre. C'est là que vous pouvez intervenir. «Si vous lisiez déjà des livres à vos enfants le soir, avant le coucher, ou les après-midi de congé, ne changez rien à cette habitude, conseille Phyllis Simon. Mais évitez les livres qu'ils peuvent lire seuls. Essayez de trouver une histoire intéressante qu'ils peuvent partager avec vous.»

Progressivement, explique Phyllis Simon, «les barrières entre ce que vos enfants choisissent de lire et les livres que vous choisissez s'écrouleront, et ils commenceront à s'aventurer dans des lectures plus difficiles». Cela est normal. Imaginez, par exemple, être plongé dans *Un raccourci dans le temps* de Madeleine L'Engle (Pocket, 1998) ou encore dans *Le Seigneur des anneaux* de Tolkien, puis retourner à *Un livre dont vous êtes le héros*. Quel ennui! Ainsi, l'enfant découvrira peut-être que les bons livres valent la peine d'être lus, même sans leurs parents.

Parlez du livre que vous êtes en train de lire. Les préadolescents s'intéressent au monde des adultes, donc, par le fait même, aux lectures des adultes. Lorsque votre enfant vous demande: «De quoi parle le livre que tu es en train de lire?», prenez le temps de lui répondre et dites-lui aussi pour quelles raisons vous l'aimez. Mieux encore, lisez-lui un des meilleurs passages.

Certains enfants, des lecteurs voraces, évolueront naturellement dans leurs lectures sans que vous ayez à lever le petit doigt. Mais pourquoi laisser cela au hasard dans le cas de votre enfant, quand il existe une façon agréable d'exercer un peu d'influence parentale sur lui? «Avec un peu de chance, les professeurs continueront à lire à voix haute, eux aussi, ajoute Phyllis Simon. Les enfants ne sont jamais trop grands pour ça!»

«Je déteste lire»

Gaston, 10 ans, est très brillant. Il réussit bien à l'école et a beaucoup d'amis. Les sports l'intéressent et il fait beaucoup d'activités, mais il n'aime pas lire. «C'est ennuyeux, fait-il en haussant les épaules. Je lis juste ce qu'il faut pour l'école.»

Gaston *sait* lire. À l'école, il est au même niveau que ses amis. C'est juste qu'il préfère faire autre chose durant ses temps libres. Est-ce un problème?

Ça pourrait l'être. Bibliothécaire spécialisée en littérature jeunesse à la Bibliothèque de Montréal, Ginette Guindon souligne l'importance de respecter le rythme de l'enfant. «Parfois, les premières lectures ne durent que quelques mois et l'enfant passe très vite aux "vrais romans". Parfois aussi le passage est long et difficile. Il importe de respecter parfaitement le lecteur débutant et de ne pas le laisser tomber sous prétexte "qu'enfin il lit". Son intérêt pour la lecture dépendra en grande partie des heureuses rencontres qu'il fera. L'enfant lit déjà, mais il doit encore trouver chaussure à son pied... Il est très important de ne pas brûler les étapes et de laisser le jeune cheminer à son rythme.»

Dans l'ouvrage intitulé *La bibliothèque des jeunes: Des*

trésors pour les 9 à 99 ans (G. Guindon, Y. Lavigueur, M. Gélinas et G. Desroches, coll. «Explorations», Montréal, Éditions Québec/Amérique, 1995), les auteures précisent en outre l'importance d'aider les enfants à vivre la lecture comme une expérience agréable. «C'est en lisant qu'on devient lecteur... Inciter les jeunes à la lecture est l'une des tâches majeures de l'enseignement. Le désir de lire est bien là. Il faut l'assouvir en permettant l'accès au livre pour le pur plaisir...» Lorsqu'elles parlent de choix de livres, les auteures rappellent combien il est important de respecter les goûts de chacun: «Il n'y a pas de formule magique. On peut établir des grilles d'évaluation, des critères de choix rigides, mais ces carcans forcent le jugement et obligent une analyse trop orientée qui détourne de l'essentiel: le penchant du cœur.»

lectures

Par où commencer?

Votre libraire ou votre bibliothécaire saura sans doute suggérer à votre préadolescent des romans selon ses goûts et ses intérêts. Voici une liste de collections de romans jeunesse dont plusieurs ouvrages figurent dans la *Sélection de livres pour enfants et adolescents* de Communication Jeunesse. Ces collections comptent souvent plusieurs ouvrages d'un même auteur qu'un enfant aura plaisir à retrouver après l'avoir découvert lors d'une lecture précédente:

- Éditions la Courte Échelle: coll. «Premier Roman» et «Roman Jeunesse».
- Les éditions Héritage/Dominique et Compagnie, coll. «Carrousel Mini Roman» et «Libellule».
- Éditions Pierre Tisseyre, coll. «Sésame» et «Papillon».
- Éditions Québec/Amérique Jeunesse, coll. «Bilbi».

- Éditions Médiaspaul, coll. «Jeunesse Pop».
- Éditions Scholastic, coll. «Animorphs» et «Étoile filante».
- Soulières Éditeur, coll. «Chat de gouttière».

Encourager de saines habitudes alimentaires

Il fut un temps où vous étiez responsable de la moindre bouchée qu'avalait votre enfant. Vous avez commencé à lui donner des aliments solides au bon moment, avez vérifié si les aliments préparés étaient aussi nutritifs que les purées que vous lui faisiez avec amour et lisiez attentivement les étiquettes afin de vous assurer qu'il n'y avait ni sucre ni produits chimiques ajoutés.

Ce temps est révolu depuis longtemps. Maintenant, à l'école, votre préado échange son lunch nutritif contre des gâteaux à la crème, s'achète une tablette de chocolat en rentrant à la maison et se fait cuire des frites surgelées dans le four/grille-pain pour son goûter. Parfois, vous pourriez croire que les aliments peu nutritifs sont devenus la base de son régime alimentaire. Puisqu'il est impossible de retourner à ces jours où vous le nourrissiez à la petite cuillère de délicieuses purées de légumes, comment allez-vous régler ce problème?

La première étape, dit Michelle Hooper, administratrice des programmes de nutrition pour Santé Canada, consiste à éliminer les mots «aliments non nutritifs» de votre vocabulaire. «Nous tentons de ne plus classer les aliments selon les qualificatifs bons ou mauvais.» Elle recommande que les parents favorisent les concepts du *Guide alimentaire cana-*

dien, qui met l'accent sur les légumineuses, les fruits, les légumes, les viandes, les autres aliments riches en protéines et les produits laitiers, tout en laissant aussi une place aux autres aliments qu'on dit non nutritifs.

En plus, le fait de critiquer les casse-croûte préférés de votre enfant peut les rendre, à ses yeux, encore plus tentants, surtout si l'on tient compte de la susceptibilité de l'adolescent qui devient de plus en plus indépendant. Si vous désapprouvez, défiez-le en mangeant bruyamment des croustilles (et c'est bon, aussi!).

Jacques Davis a découvert qu'en interdisant ces petits «festins», un problème plus sérieux pouvait survenir. «Lorsque ma fille, Véronique, était plus jeune, nous ne permettions pas qu'il y ait des sucreries ou des aliments peu nutritifs à la maison. Elle ne savait pas ce que c'était. Tout a changé lorsqu'elle a commencé l'école, et nous avons eu de sérieuses bagarres parce qu'elle voulait avoir des Smarties ou ce que les autres enfants mangeaient. Elle échangeait ses lunchs avec ses amis et offrait même de faire leurs devoirs en échange d'une gâterie.»

Lorsque Véronique a eu 11 ans, Jacques pensait qu'il avait réussi à faire comprendre ses messages sur la nutrition à sa fille puisqu'elle ne mangeait plus d'aliments non nutritifs. Mais peu après, il se rendit compte que, non seulement ne mangeait-elle plus d'aliments non nutritifs, mais elle ne mangeait pas non plus d'aliments nutritifs; elle était anorexique. «Nous avons dû faire face à bien des traitements. Je sais que la nutrition n'est pas le seul problème, mais aujourd'hui, je voudrais ne pas avoir contrôlé autant son alimentation. C'était la guerre ouverte entre elle et moi et ça, ce n'était pas sain.»

En 1996, un rapport de Santé Canada, *Food for Thought* a décrit les résultats des rencontres d'un groupe d'étude constitué d'enfants et de parents, où l'on discutait de nutrition. Ils ont révélé que les enfants de 10 à 12 ans décrivaient les aliments tels que bonbons, croustilles et boissons gazeuses comme étant «mauvais», même s'ils en consommaient plus que ce que leurs parents trouvaient acceptable. Les enfants ont aussi souligné qu'entre autres, ils choisissaient ces aliments parce qu'ils constituaient des goûters instantanés.

Michelle Hooper rappelle aux parents que les enfants ne sont pas comme les adultes, et qu'ils ont des besoins nutritifs différents. Les enfants de ce groupe d'âge, précise-t-elle, sont au bord de la puberté. «Les enfants grandissent à des rythmes différents, explique-t-elle. Mais juste avant le début de la puberté, la plupart d'entre eux prendront un peu de poids pour se préparer à la rapide poussée de croissance qui les attend. Et les préados qui grandissent rapidement sont continuellement affamés.»

Les parents qui sont habitués à la croissance moins rapide des enfants plus jeunes sont parfois surpris par l'appétit vorace des préados et des ados. «Un enfant en pleine croissance qui est actif, et qui pratique peut-être des sports ou d'autres activités qui demandent beaucoup d'énergie, peut trouver difficile d'avoir un apport suffisant en calories sans consommer les aliments riches en gras qui sont considérés comme étant non nutritifs», dit Michelle Hooper.

L'institut national de la nutrition suggère dans «Rendre les enfants friands de santé» (*Bouchées santé*, automne 1995) quelques goûters vite préparés.

Du croquant: pomme, bâtonnets de céleri au beurre d'arachide, céréales croustillantes.

Des goûters légers: boisson au yogourt, «popsicle» au jus de fruits, maïs soufflé nature, mandarine.

Des collations substantielles: pizza individuelle, roulé aux figues, fromage et craquelins. Fruits secs, noix ou graines.

Des goûters d'hiver: chocolat chaud, rôtie aux bananes tranchées, gruau ou soupe instantanée.

Remplir le frigo et les armoires de goûters nutritifs dont les préados peuvent facilement se servir les encourage à manger plus d'aliments variés: des fruits frais et des légumes préparés, des fruits secs, des muffins aux céréales, du yogourt. Et devinez ce qui est le plus populaire et qui se prépare facilement? Les céréales pour déjeuner. En plus d'être une excellente source alimentaire, elles contiennent un supplément en fer.

Michelle Hooper souligne aussi que les régals jouent souvent un rôle important dans les activités sociales. «Si votre enfant est invité à une fête d'anniversaire ou revient de l'école avec des amis, ils dévoreront de la crème glacée, des croustilles ou prendront des boissons gazeuses. Et votre enfant doit pouvoir apprécier ces aliments et le temps qu'il passe avec ses amis sans se sentir coupable parce qu'il mange de "mauvais" aliments.»

trucs & conseils

Les faits sur le gras dans l'alimentation

De nos jours, on parle beaucoup de gras et de cholestérol, mais c'est un problème complexe qui laisse la plupart d'entre nous perplexes. Et lorsqu'il s'agit de nos enfants, nous nous posons encore plus de questions. Alors, comment considérer le gras dans leur alimentation?

Louise Lambert-Lagacé, conseillère en diététique à Montréal et coauteure de *Bon gras, mauvais gras, une question de santé* (Les Éditions de l'Homme, 1996), donne des conseils judicieux et encourageants aux parents. «À moins d'avoir, dans l'histoire familiale, d'importants problèmes de santé reliés aux graisses alimentaires et au cholestérol, nous ne devrions pas nous inquiéter de l'ingestion de graisses alimentaires de nos enfants, dit-elle. Nous voulons, bien entendu, encourager une alimentation saine – et aimerions idéalement voir les graisses constituer 30% ou moins du régime alimentaire de nos adolescents. Mais il existe d'autres moyens, meilleurs et plus positifs, que d'interdire des aliments ou d'essayer d'amener les enfants à ne plus consommer de graisses alimentaires en leur faisant peur.»

Que peuvent donc faire les parents? Louise Lambert-Lagacé recommande d'introduire, dans le régime alimentaire familial, ces aliments que les Canadiens consomment trop peu: les fruits et les légumes frais, les céréales à grains entiers, le poisson. Comme elle le fait remarquer, «en encourageant la consommation de ces aliments "négligés", nous diminuons automatiquement celle de ces aliments riches en gras que nous avons tendance à trop manger».

Voici quelques idées:

- Préparez des aliments contenant de «bonnes graisses» en les présentant de façon attrayante: des darnes de saumon cuites sur le barbecue, accompagnées de salades variées préparées maison; offrez un mélange de fruits secs et de noix comme goûter.
- Faites preuve de modération en ce qui concerne les aliments frits. Il est préférable de faire légèrement revenir les aliments dans un peu de beurre que de les plonger dans l'huile bouillante, ou mieux encore, utilisez de l'huile pour donner plus de saveur aux aliments après la cuisson.

Par exemple, badigeonnez des pommes de terre cuites d'huile d'olive et de jus de citron.

- Modifiez vos aliments de base: utilisez de l'huile de canola ou de l'huile d'olive pour vos vinaigrettes ou pour la cuisson; de la laitue romaine au lieu de la laitue Iceberg; du pain de blé entier ou du riz brun au lieu de pain et de riz blancs.

- Profitez de l'intérêt que votre préadolescent porte aux nouveaux aliments pour introduire un ou deux nouveaux plats «sains». Allez dans les restaurants ethniques dont la cuisine traditionnelle comporte moins de viande rouge que la nôtre. Les nouilles à la thaïlandaise ou le taboulé deviendront peut-être un des plats préférés de votre famille!

La vie sportive
soutenir les jeunes athlètes

À l'âge de 7 ans, Mireille Sicotte est allée en vacances à l'Île-du-Prince-Édouard avec sa famille. C'est là qu'elle est montée pour la première fois sur un poney et, d'après sa mère Louise: «Ce fut le coup de foudre». À partir de cet instant, les chevaux et l'équitation sont devenus une passion pour sa fille.

Maintenant qu'elle a 11 ans, Mireille passe le plus de temps possible avec des chevaux. Elle suit des cours d'équitation deux fois par semaine, va à l'écurie nettoyer les stalles, entretient les chevaux et assiste à d'autres cours d'équitation chaque fois qu'elle peut persuader ses parents (ou n'importe qui d'autre) de l'y conduire. Pendant la saison des compétitions, elle est prise au moins une fin de semaine par mois.

Cela ne préoccupe pas Louise le moins du monde. «Si je la laissais faire, raconte sa mère, elle serait toujours à l'écurie.»

Beaucoup d'enfants aiment les sports, mais pour la plupart d'entre eux, l'athlétisme est une activité secondaire dans leur vie, une activité agréable. S'engager pleinement dans un sport, qu'il s'agisse d'équitation, de patinage artistique ou de hockey, demande un grand investissement en temps et en énergie, pas seulement de la part des jeunes participants, mais de la part de leurs parents, aussi. Les Sicotte, par exemple, passent de nombreuses heures sur la route, pour conduire Mireille à ses cours d'équitation et en revenir, la conduire aux compétitions (sa mère y travaille en tant que bénévole). Les coûts impliqués sont un autre problème, et l'équitation est l'une des activités les plus coûteuses qui soient, surtout lorsque le jeune participe aux compétitions.

Le hockey est un autre sport qui peut demander beaucoup d'engagement de la part de la famille de l'athlète. Christophe Cusson, 15 ans, joue au hockey depuis l'âge de 6 ans. À 10 ans, il a commencé à participer aux compétitions régionales, au lieu des compétitions locales. «Au début, c'était difficile, souligne-t-il. Parfois, nous avions deux ou trois heures d'autobus à faire pour aller jouer. Je devais faire mes devoirs dans l'autobus, sinon, je n'avais pas assez de temps.»

Josée, la mère de Christophe, ajoute: «L'investissement en argent et en temps est incroyable. Je dois admettre que nous ne nous y connaissions pas en hockey avant que Christophe ne s'y intéresse, et nous n'avions aucune idée des coûts que ça impliquait.»

«Depuis l'âge de 10 ans, Christophe joue au hockey cinq à six fois par semaine: il a habituellement trois périodes d'entraînement et deux matches. Chaque match ou période d'entraînement prend jusqu'à deux heures et demie de notre temps, parfois plus lorsque les matches se jouent à l'extérieur et que nous devons assumer le transport. Les fins de semaine sont bien souvent consacrées aux tournois.»

Les Cusson tentent d'être présents à tous les matches auxquels participe leur fils, mais lorsqu'ils y vont tous deux, ils doivent emmener les jeunes sœurs de Christophe. «Ça prend beaucoup de temps, c'est ça le problème, affirme

Josée. L'aréna n'est pas chauffé et les filles prennent froid et s'ennuient à rester assises sans bouger. Mais je ne veux pas qu'elles aillent là où c'est chauffé, parce que je ne pourrais pas les surveiller.» Elle ajoute que pour bien des parents, la vie sociale se résume au hockey; il ne reste plus grand temps pour faire autre chose.

Comme de nombreux athlètes déterminés, Mireille et Christophe ont toujours de bonnes notes à l'école et s'organisent pour participer à d'autres activités aussi. Christophe joue au soccer l'été et participe aux activités de l'école. Lorsqu'elle parle de la passion de sa fille, Louise affirme: «Tout se conjugue. L'exercice qu'elle fait en équitation et les habiletés qu'elle développe pour contrôler le cheval et maîtriser les exigences requises pour participer à une compétition la gardent en forme et vive d'esprit. Je crois que le fait de s'investir dans ce sport lui permet de mieux réussir en classe.»

C'est fort possible. Des recherches menées sur le sport et les enfants donnent raison à Louise. Michelle Brownrigg, coordonnatrice en recherche au Ontario Physical and Health Education Association dit: «Les bénéfices manifestes sont physiques *a priori*, mais le sport contribue tout aussi bien au développement mental, émotif et social de l'enfant.» Les sports peuvent aider les enfants à développer l'estime de soi et la confiance en soi tandis qu'ils apprennent de nouvelles habiletés. Ils leur apprennent aussi la persévérance, la résolution de problèmes et les stratégies nécessaires pour faire face au stress et à la pression.

Michelle Brownrigg ajoute: «Les enfants qui pratiquent un sport apprennent à organiser leur temps et à établir des priorités. Être en forme et actifs leur donne aussi le surplus d'énergie dont ils ont besoin pour faire beaucoup d'autres choses.»

Y a-t-il un mauvais côté au sport? Bien entendu. Les enfants qui suivent un entraînement trop poussé et qui font des compétitions courent le risque de souffrir de surmenage: il y a trop de pression, trop d'exigences, trop peu de temps simplement pour se détendre et pour être un enfant. Les parents doivent veiller au bien-être émotionnel de leurs athlètes en herbe et les aider à trouver un équilibre qui leur convient.

Michelle Brownrigg insiste pour dire que si l'on veut que le sport soit une expérience positive pour les enfants, cela doit rester plaisant. «Les enfants participent aux sports parce qu'ils veulent s'amuser, apprendre de nouvelles choses et être avec d'autres enfants, explique-t-elle. S'ils ne s'amusent pas, ou si l'activité devient ennuyeuse parce qu'elle ne soulève pas de nouveaux défis, les enfants peuvent se détourner définitivement des sports.»

«Si on met trop l'accent sur les victoires, on risque d'enlever tout le plaisir qu'il y a à pratiquer un sport, précise Michelle Brownrigg. Les parents et les entraîneurs devraient accorder autant de valeur au sport en soi qu'au résultat final. Cela signifie discuter de ce que l'enfant aime, des nouvelles choses qu'il accomplit ou tente d'accomplir et ne pas mettre tout l'accent sur le fait de gagner ou de perdre.»

Les enfants profitent toujours des avantages du sport même s'ils jouent avec moins d'intensité, précise Michelle Brownrigg. «Ils ont toujours la possibilité de prendre plaisir à être actifs, d'apprendre des habiletés physiques, de s'amuser et d'échanger avec d'autres enfants en tant que partenaires ou adversaires. Ces leçons sont valables pour tous les enfants.»

Il existe d'autres passions

Ce ne sont pas toujours les activités sportives qui demandent aux jeunes beaucoup de temps, d'énergie et d'enthousiasme. Catherine, 12 ans, se consacre au ballet et suit huit cours de ballet par semaine, sans compter les répétitions supplémentaires lorsqu'elle se prépare pour un spectacle. «Je sais que même les danseurs professionnels doivent toujours suivre des cours, dit-elle. C'est la seule façon d'être bon. Il faut danser tous les jours. Une fois par semaine ne suffit pas.»

Faire du théâtre est une autre activité qui peut devenir un mode de vie, surtout si cela débouche sur une carrière. Lisa a commencé à l'âge de 7 ans à jouer dans des publicités. À 9 ans, elle avait joué plusieurs petits rôles dans des téléfilms et certains spectacles. À 11 ans, elle est allée en Californie pour son premier rôle dans une émission télévisée, et son succès l'a menée à bien d'autres endroits.

Même si elle avait un tuteur pendant qu'elle tournait loin de chez elle, Lisa trouvait qu'elle n'était pas toujours au même niveau que ses camarades d'école et les occasions de faire avec eux certains travaux lui manquaient. Son horaire très imprévisible l'empêchait de s'engager dans d'autres activités. Un appel de son agent pouvait signifier à tout instant qu'elle devait faire ses bagages pour une nouvelle destination.

Pour elle, ces inconvénients étaient moins importants que d'avoir la possibilité de faire ce qu'elle aimait vraiment. (Finalement, ses parents ont déménagé en Californie, réduisant ainsi son temps de déplacement et lui permettant de suivre des cours avec d'autres jeunes acteurs.)

Si votre enfant se passionne pour une activité, quelle qu'elle soit, votre soutien devient essentiel. Vous devrez, parfois, prendre des décisions difficiles. Combien de temps et d'argent pouvez-vous consacrer à cette activité? Pouvez-vous maintenir un certain équilibre dans la vie de votre enfant lorsqu'une activité prend toute la place? Comment les autres membres de la famille en sont-ils affectés? Votre enfant ne verra que le but qu'il s'est fixé. Votre rôle, en tant que parent, est de penser à votre famille en entier, sans oublier le bien-être de chacun.

Les enfants qui s'engagent
le jeune croisé

Votre fille de 10 ans est devenue votre «policière environnementale» personnelle. Elle refuse les sacs à sandwich que vous utilisez pour ses lunchs et insiste pour que vous achetiez des contenants réutilisables, ce que vous vous êtes refusé à faire parce qu'ils se déformaient souvent lorsque vous les mettiez au lave-vaisselle. Elle proteste contre la présence de tout produit nettoyant (liquide ou en vaporisateur) dans la maison. Et maintenant, elle s'assure que vous ne jetiez absolument rien qui puisse être recyclable; et ça vous rend folle.

Ce désir de prendre position n'est pas inhabituel pour les préados et les ados. Jacqui Barnes, directrice de Animal Alliance (Toronto), dit que beaucoup de jeunes de 9 à 15 ans s'adressent à son organisme pour obtenir des renseignements sur les droits des animaux. «C'est un âge où ils prennent de plus en plus conscience des différents problèmes qui existent, qu'il s'agisse de problèmes interraciaux ou environnementaux, et du monde qui les entoure», observe-t-elle.

Elle dit que l'éveil à une cause commence souvent par un devoir ou un travail scolaire. «Le fait de faire une recherche sur un sujet précis ouvre les yeux des jeunes. Nous recevons beaucoup d'appels au sujet des tests pratiqués sur les animaux pour les cosmétiques, par exemple. Les enfants appellent les fabricants de cosmétiques et découvrent qu'il est difficile d'obtenir des renseignements, alors ils nous consultent.» Bien souvent, dit-elle, ils sont surpris d'apprendre comment se pratiquent les tests et ce qui arrive aux animaux.

«Les jeunes enfants sont naturellement compatissants et l'intérêt qu'ils portent aux autres (êtres humains et animaux) n'est pas émoussé par les considérations pratiques», précise Jacqui Barnes.

L'intérêt que les jeunes montrent envers les droits des animaux est si grand que Animal Alliance a créé un site Web spécifiquement pour les jeunes, comme complément à son site Web pour adultes (www.animalalliance.ca). «Les enfants qui s'intéressent aux grandes causes se font souvent rabrouer par les adultes, déclare Jacqui Barnes. Les gens pensent que ce n'est qu'une lubie ou une phase qui leur passera bientôt.» Elle ne considère pas cela sous le même angle. Elle croit que ces jeunes gens s'instruisent eux-mêmes sur les problèmes cruciaux et élaborent par la suite leurs propres opinions.

Beaucoup s'engagent activement dans une cause. Frédéric Orsini, par exemple, vient juste d'avoir 12 ans et a déjà fait, devant d'autres élèves, des présentations sur les droits des animaux et le végétarisme. Il dit: «J'ai organisé un débat à l'école, et ceux qui étaient pour le végétarisme – mon côté – ont gagné. Je trouve que ce n'est pas correct de tuer des animaux et de les manger, si ce n'est pas une nécessité absolue. Certaines personnes refusent de penser à ces problèmes, mais je crois que ça demeure important.»

Frédéric a convaincu les membres de sa famille de devenir végétariens («bien que mon père mange encore parfois de la viande») et a aussi rallié un certain nombre de gens à sa cause. «À la cafétéria de notre école, les frites étaient cuites dans la même huile que la viande. J'ai donc organisé une campagne pour que ça cesse.» Tandis que ses débats et ses présentations ont porté fruit à son école, Frédéric sent que les discussions informelles qu'il a eues avec d'autres ont été un moyen efficace pour diffuser son message.

David Wyatt, directeur du département des sciences à la Grimsby Secondary School (Grimsby, Ontario), dit que beaucoup d'élèves qui se préoccupent au primaire de problèmes tels que l'environnement poursuivent leur campagne au secondaire. Il est responsable d'un club scolaire qui donne aux élèves la possibilité de s'attaquer à certains problèmes environnementaux. «Nous participons aux projets locaux, comme le nettoyage de 65 kilomètres de plage ici, à Grimsby, et mettons sur pied un programme de recyclage et de compostage dans les écoles, par exemple, et nous nous investissons dans des causes internationales, telles que la collecte de fonds pour Greenpeace et les forêts tropicales humides», explique David Wyatt.

Il ajoute: «Ces jeunes gens ont vraiment un profond souci de l'environnement et cherchent un moyen de faire quelque chose pour aider, pour apporter une contribution.» Il souligne que ce doit être frustrant pour un enfant plus jeune qui se soucie de ces problèmes, mais qui ne peut pas encore participer à ces groupes.

Frédéric acquiesce. «Les gens pensent que c'est seulement une lubie, ou que je veux me montrer différent. C'est difficile d'être pris au sérieux à mon âge. Mais je crois que c'est vraiment quelque chose d'important.»

C'est facile pour les adultes désabusés de rire doucement lorsque des préados idéalistes deviennent de jeunes fanatiques ou de se sentir irrités lorsque leur engagement dans certaines causes rendent leur propre vie plus difficile. Mais les enfants de ce groupe d'âge peuvent vraiment faire changer les choses. Prenez l'exemple de Craig Kielburger, ce Torontois de 12 ans qui a été scandalisé en lisant des articles sur le travail des enfants dans le monde. Il est devenu un grand défenseur de cette cause, prenant la parole lors de conférences internationales. À 13 ans, il a fondé Free the Children, un organisme pour les jeunes de 8 à 18 ans qui se soucient du travail des enfants dans le monde. C'est aussi lui qui a persuadé le premier ministre du Canada, Jean Chrétien, de traiter de cette question avec les autres pays.

Très peu d'enfants connaîtront une renommée internationale pour leur engagement dans une cause, mais ils méritent tous notre respect. Il y a beaucoup de travail à faire pour rendre le monde meilleur, et le moindre effort vaut la peine d'être fait.

Se donner pour les autres

En dépit des titres et slogans du genre *Devenez le numéro 1* ou *L'important c'est de gagner*, l'altruisme est toujours présent et bien implanté chez les préados et les ados. Il existe beaucoup d'enfants qui apportent une contribution à leur communauté en faisant de petits gestes qui n'en sont pas moins importants. Voyez ces exemples:

- Trois frères, entre 10 et 18 ans, ont créé une «maison hantée» pas trop effrayante pour les enfants en famille d'accueil, et accompagnent les enfants à l'Halloween.
- Les élèves de sixième année d'une école publique ont organisé un «sautothon» (marathon de saut à la corde) et ont recueilli plus de 2000 $ pour les enfants défavorisés.

- Des préadolescents ont créé une garderie à l'église pour garder les plus petits pendant les offices religieux.

Encourager les enfants à donner d'eux-mêmes est une leçon valable tant pour l'aide qu'ils fournissent aux autres, que pour le plaisir que ça leur apporte. Mais «le but est que les enfants fassent des choses pour les autres de leur plein gré et non parce que quelqu'un le leur demande ou parce qu'ils s'y sentent obligés», dit Julie Hayes, conseillère pour les enfants et les jeunes, qui travaille avec les enfants défavorisés de Burlington (Ontario). «Les parents ne devraient pas chercher des résultats immédiats ou avoir des attentes trop élevées, ajoute Hayes. Un enfant peut avoir besoin de vous pendant longtemps encore avant de se sentir prêt à donner à quelqu'un d'autre.»

Carole Galant, mère de deux adolescentes, se souvient que la première fois qu'elle avait emmené ses filles et quelques-unes de leurs amies donner un coup de main à une banque alimentaire, la plupart des jeunes (toutes au début de l'adolescence) étaient restées là à discuter entre elles. «Seules deux filles sur sept avaient donné un bon coup de main», dit-elle. Mais une semaine plus tard, toutes les sept avaient reçu un petit mot de remerciement du personnel de la banque alimentaire et elles avaient hâte d'y retourner. «Aujourd'hui, toutes font partie des bénévoles.»

Julie Hayes dit que les parents doivent montrer à leurs enfants à donner aux autres. «Nous sommes tous si occupés qu'il est difficile de trouver du temps pour faire du bénévolat, et personne n'a jamais assez d'argent pour faire un don monétaire. Mais si ce sont les valeurs que nous voulons inculquer à nos enfants, il est important de les mettre en action.»

Elle encourage les parents à trouver des moyens d'aider. Certaines tâches ne demandent qu'une heure de votre temps par semaine. D'autres organismes ont seulement besoin de gens pour aider lors d'événements particuliers, une ou deux fois par année. Finalement, Julie Hayes souligne qu'on n'a pas besoin de chercher ou d'aller trop loin. «Nous faisons tous partie d'une communauté, nous sommes tous ensemble dans ce grand bateau. Vous pouvez aider en offrant à une mère monoparentale, qui demeure près de chez vous, de garder son enfant, ou apporter un repas à un voisin qui est malade.» Les enfants peuvent contribuer de cette manière en accompagnant l'enfant d'un voisin à l'école, par exemple, ou en ratissant la pelouse chez ses grands-parents.

Les enfants qui apprennent à apporter leur contribution à leur communauté en récolteront rapidement les fruits, selon Julie Hayes. «Lorsque les jeunes aident les autres, leurs propres problèmes semblent moins importants, et ils se rendent compte qu'ils ne sont pas les seuls à en avoir. Ils se sentent plus capables d'agir. Après tout, ils ont pu aider quelqu'un, donc ils ont le pouvoir d'aider, de faire bouger les choses.»

Lectures recommandées

Vos livres préférés sur l'art d'être parents vous seront utiles, certes, mais plus vos enfants grandiront, plus vous rechercherez des approches qui vous aideront à les comprendre et à les suivre dans leur évolution. Voici quelques suggestions d'ouvrages généraux et thématiques:

Ouvrages généraux:

Germain Duclos, Danielle Laporte et Jacques Ross, *Les besoins et les défis des enfants de 6 à 12 ans: vivre en harmonie avec des apprentis sorciers*, Saint-Lambert, Les éditions Héritage, 1994.

Germain Duclos, Danielle Laporte et Louis Geoffroy, *Du côté des enfants, volume 1*, Montréal, Publications de l'Hôpital Sainte-Justine en collaboration avec *Le Magazine Enfants Québec*, 1990.

Germain Duclos et Danielle Laporte, *Du côté des enfants, volume II*, Montréal, Publications de l'Hôpital Sainte-Justine en collaboration avec *Le Magazine Enfants Québec*, 1992.

Sylvie Groulx, *Grandir 9-12 ans* (Vidéocassette), Montréal, Office national du film.

Yves Lamontagne, *Être parent dans un monde de fous*, Laval, Guy Saint-Jean Éditeur, 1997.

Danielle Laporte, *Être parent, une affaire de cœur*, Montréal, Publications de l'Hôpital Sainte-Justine en collaboration avec *Le Magazine Enfants Québec,* 1999.

Mary Manz Simon, *52 façons d'élever des enfants sans se surmener,* Saint-Hubert, Un Monde Différent, 1997.

Ouvrages thématiques:
Joe-Ann Benoît, *Défier l'autorité: ses droits,* dans «Petits et grands», *Le Magazine Enfants Québec,* février-mars 2000.

Lucie Chartrand, *Rond rond, petit patapon,* dans «Info-Santé», *Le Magazine Enfants Québec,* novembre 1999.

Corinne De Vailly, *INTERNET, Pour jeunes internautes seulement,* Montréal, Éditions Logiques, 1998.

Germain Duclos, *L'estime de soi, un passeport pour la vie,* Montréal, Publications de l'Hôpital Sainte-Justine en collaboration avec *Le Magazine Enfants Québec,* 2000.

Dr Thomas Gordon, *Comment apprendre l'auto-discipline aux enfants,* Montréal, Les Éditions Le Jour, 1992.

G. Guindon, Y. Lavigueur, M. Gélinas et G. Desroches, *La bibliothèque des jeunes: Des trésors pour les 9 à 99 ans,* coll. «Explorations», Montréal, Éditions Québec/Amérique, 1995.

Robie H. Harris, *Le sexe? Parlons-en!: la croissance, les transformations physiques, le sexe et la santé sexuelle,* Saint-Lambert, Les éditions Héritage jeunesse, 1995.

Élizabeth Jacquet, *Les jeunes filles et leur corps*, coll. «Hydrogène», Paris, Éditions de la Martinière Jeunesse, 1994.

Louise Lambert-Lagacé, *Bon gras, mauvais gras, une question de santé*, Montréal, Les Éditions de l'Homme, 1996.

Danielle Laporte et L. Sévigny, *Comment développer l'estime de soi de nos enfants: guide pratique à l'intention des parents d'enfants de 6 à 12 ans*, Montréal, Publications de l'Hôpital Sainte-Justine, 1998.

Sarah Lawson, *Votre enfant est-il victime d'intimidation? Guide à l'usage des parents*, Montréal, Éditions de l'Homme, 1996.

Lynda Madaras, *À la découverte de mon corps*, Montréal, Éditions de l'Homme, 1991. (Deux éditions: *Guide pour les adolescentes et leurs parents* et *Guide pour les adolescents et leurs parents*.)

Nicole Nadeau, «Démodé, le conflit des générations?», *Le Magazine Enfants Québec*, avril-mai 1999.

Jocelyne Robert, *Ma sexualité de 9 à 12 ans*, Montréal, Éditions de l'Homme, 1986.

Jocelyne Robert, *Parlez-leur d'amour... et de sexualité*, Montréal, Éditions de l'Homme, 1999.

Gilbert Tordjman et Claude Morand, *La vie sexuelle*, illustré par Urs Landis, Paris, Éditions Nathan, 1994.